부자들의 투자전략
뜨는 시장을 공략하라

부자들의 투자전략
뜨는 시장을 공략하라

초판 1쇄 발행 2006년 7월 10일
초판 2쇄 발행 2006년 8월 1일

지은이 신동준 | **펴낸이** 백운철 | **펴낸곳** 북플래너
편집 김시경, 심지연 | **디자인** 안정미 | **영업 마케팅** 안원호, 이용호 | **관리** 오하영

등록번호 제22-2444호 | **등록일자** 2003년 12월 12일
주소 서울시 서초구 서초3동 1550-6번지 태림빌딩 6층(137-873)
전화 (02)3472-2040 | **팩스** (02)3472-2041 | **이메일** bookplanner@hanmir.com
ISBN 89-91028-10-1 (03320)
ⓒ 신동준 2006, Printed in Korea

• 잘못 만들어진 책은 바꾸어 드립니다.

부자들의 투자전략

뜨는 시장을 공략하라

신동준 지음

Book Planner

서문

지난 몇 년간 한국의 주식시장은 과거에 비해 상당히 선진화되었다. 또한 외국인 투자자들도 꽤 큰 매력을 느낄 정도로 시장 자체의 규모도 무척 커졌다. 더구나 내 예상대로라면 앞으로 한국의 주식시장은 훨씬 더 상승할 여지가 많이 남아 있다. 이번 하락 조정을 거쳐 시장이 조금 더 성숙하고 나면 다시 상당한 상승이 이어질 것이다. 이 책을 읽는 여러분들은 이 기회를 놓치지 않았으면 하는 바람이다.

또한 부동산시장의 경우 전반적으로 하락안정세를 찾아가는 모습이지만 아직은 투자가치가 있다. 특히 평형대별 차별화가 급속히 진전될 것으로 보여, 과거 지역별로 집중되었던 과열양상과는 달라지리라 예상된다. 즉 소형평수 위주로는 가격이 전반적으로 하향 안정화될 것으로 보이는 가운데, 중대형평수의 경우 가격이 급속히 오를 소지가 많다. 이는 뒤에서 자세히 설명하겠지만 비탄력적 시장이라는 부동산시장의 기본 특성과 수요

공급의 원리에 따라 내린 결론이다. 따라서 이런 흐름 자체를 머릿속에 넣어두는 게 성공 투자의 바탕이 될 것이다.

채권시장은 지금도 그리 좋지 않지만 사실 앞으로도 한동안 매력이 떨어질 것으로 보인다. 여기에 대해서도 뒤에서 좀더 자세히 설명하겠지만 기본적으로는 금리 상승세가 이어지기 때문이다. 현재 시장은 2003년 이후 최근까지의 지속적인 경제성장으로 인해 경제회복기에 반드시 뒤따르는 물가상승이 시장에 잠재되어왔다고 할 수 있다. 이로 인해 인플레이션이라는 경제 암초가 전 세계 금리를 동반 상승시키는 원인이 되고 있어 채권시장은 그리 수익성이 좋아 보이지 않는다. 다만 채권시장은 우리가 생각하는 것보다 훨씬 규모가 크다. 이처럼 주식시장보다 큰 규모의 시장을 완전히 외면하기에는 어딘가 석연치 않은 느낌이 들어 이 책의 한 부분을 할애해 채권에 대한 전반적인 개념과 시장 진입 시기와 나와야 할 시점에 대해 간략히 설명해놓았다.

　　성공하는 투자자들은 전략적으로 돈이 되는 시장에 투자하며 시장을 이리저리 갈아타곤 한다. 돈이 몰리는 곳으로 가야 돈을 벌 수 있기 때문이다. 이런 시장의 흐름을 정확히 짚어낼 수 있어야 투자 성공의 토대가 닦이는 것이다. 부자들은 이렇듯 시장을 보고 투자하는 반면 개미들은 특정 종목에 투자한다. 이것이 이 둘 사이의 확연한 차이이다.

　　기회가 올 때 확실히 잡는 사람이 있는가하면 그냥 흘려보내는 사람도 많다. 전자의 경우 사전에 미리 철저한 준비를 한 사람이고 후자는 준비는커녕 기회가 온 줄 알면서도 뒷짐 지고 있는 사람이다. 나는 앞으로 다가올 투자의 기회에 좀더 적극적인 준비태세를 갖출 수 있게 해주고자 하는 마음으로 이 책을 집필했다. 차분히 앉아 이 책이 말하고자 하는 핵심을 차례차례 짚어보면 내가 하는 말이 무슨 뜻인지 알 수 있을 것이다.

주식은 사기는 쉬워도 팔기는 어렵다는 말이 있다. 나도 주식투자를 하면서 이 말에 무척 공감한다. 이는 투자자들이 앞을 내다보고 준비하지 못하기 때문에 벌어지는 현상이다. 아무리 겨울이 길어도 반드시 봄은 오게 되어 있다. 다시 말해 시장이 아무리 바닥으로 한없이 추락하는 듯 보여도 결국은 다시 솟구치게 되어 있다. 따라서 진입하기 가장 좋을 때는 오히려 시장이 바닥을 기고 있는 때이다. 물론 최저 바닥에 도달해 이제 상승을 모색하고 있는 시점에 진입해야 함은 두말할 것 없다. 그렇다면 그 시점을 어떻게 알아낼 것인가? 이것이 핵심일 것이다. 이 책이 말하고자 하는 게 바로 그 시점을 어떻게 알아낼 것인가에 대한 것이다.

대개의 많은 일반투자자들은 시장이 한창 뜨거워지고 신문지상에서 장밋빛 기사들을 쏟아 내놓을 즈음이 되어야 시장에 진입하곤 한다. 하지만 이때는 이미 시장이 꺾이기 시작할 즈음이다. 주가는 속성상 천천히 긴 시간에 걸쳐 상승하지만 떨어질 때는 정신을 못 차릴 정도로 굉장히 가파르게 하락한다. 하지만 기관투자자들과 달리 차트니, 봉이니 하는 기술적 분석에만 치중하고 있는 일반투자자들은 주가가 최고점을 찍을 때를 전혀 예상치 못하게 마련이고 그러다 보니 하락이 시작되면 빠져나오지 못하고 우왕좌왕하게 되는 것이다.

문제는 시장에 대한 예측의 부재로 그렇게 다치고도 똑같은 우를 반복한다는 점이다. 결국 이들에게 가장 우선적으로 필요한 것은 시장의 내면에 들어가 그 흐름을 보고 예측할 수 있는 눈이다. 그리고 내가 투자회사를 운영하면서 가장 기본으로 삼고 있는 것 역시 그러한 혜안이다. 이 책을 통해 많은 사람들이 투자에 접근하는 방법을 바로잡을 수 있기를 기원한다.

이 책은 총 3부로 구성되어 있다. 1부에서는 투자에 대해 지녀야 할 기본적인 자세와 투자의 함정을 피하기 위한 조언을 나의 투자 스토리와 함께 제시했으며, 더불어 부자들의 투자습관이 어떠한지 내가 분석하고 경험한 것을 토대로 서술했다. 앞서도 지적했지만 금융자산가들의 뛰어난 투자 특징 중 하나는 뜨는 시장을 찾아내 제때 진입하고 적정한 수준에서 미련 없이 그곳에서 벗어난다는 점이다. 이 원칙만 철저히 지켜도 어느 정도 투자의 성공을 거둘 수 있다. 단, 여기에는 시장의 흐름, 즉 돈의 흐름을 읽을 줄 아는 혜안이 필요하다.

    이 책의 하이라이트라고 할 수 있는 2부에서는 한국의 3대 투자시장, 즉 주식시장과 부동산시장, 채권시장의 비밀을 읽어내는 기술을 제시하고 있다. 시장의 비밀은 우선적으로 시장의 수요와 공급이라는 수급에 있다. 많은 사람들이 이를 간과하기 때문에 투자에 실패를 하게 되는 것이다. 또한 투자를 하면서 신문을 꼼꼼히 읽는 사람은 많으나 신문에서 얻은 정보를 투자수익으로 곧장 연결짓는 사람이 극히 드물다. 나는 신문지상에서 흔히 볼 수 있는 지표를 투자에 활용하는 방법에 대해서도 알려줄 생각이다. 이를 통해 여러분은 우리가 정말 눈여겨보아야 할 지표나 정보에 대한 기본적인 윤곽을 얻을 수 있을 것이다.

 3부에서는 주로 각 투자시장에 대한 분석을 해보고 앞으로의 전망을 제시할 생각이다. 내 예상이 맞을지 틀릴지는 뚜껑을 열어보아야 판명이 나겠지만, 이 책에서 제시하는 전망치는 최소한 지난 3년간 갖가지 지표들과 각종 경제 요소들을 끊임없이 파고들어 내린 결론이다. 따라서 이러한 시장 전망을 맹신해서도 안 되겠지만 그냥 지나쳐서도 안 될 것이다. 투자를 생각하는 시점에서 일단 기본적으로 참고할 만한 정보라는 수준으로 받아들였으면 하는 바람이다.

 이 책의 집필을 시작할 무렵, 주가가 연일 상승하고 있음에도 불구하고 나는 지금 벌어지고 있는 주가 하락을 정확히 예견한 바 있다. 출판사 관계자들은 내 예상에 고개를 갸우뚱하며 확신을 갖지 못했던 듯하다. 하지만 언론의 인터뷰 기사를 통해 내가 과거에도 몇 차례 주식시장을 정확히 예측해냈고 그것이 단지 우연에 의한 것이 아니라 수년간의 땀과 노력 덕분이었다는 것을 익히 알고 있던 출판사 관계자들은 일단 한번 믿어보자는 마음을 내비쳤다.

    나는 집필 도중에 편집자와 전화 통화를 하면서 예전에 예측했던 대로 분명 주가가 대폭 하락할 것이고 그 사이에 또 수많은 개미투자자들이 희생양으로 전락할 것임을 한 번 더 강조했다. 그리고 이에 따라 현재 주식을 모두 처분한 상태이며 그 자금을 모두 금 투자에 돌렸다는 말도 전했다. 그때도 사실 출판사 측에서는 미심쩍어하는 분위기였다. 당시는 주가가 연일 최고점을 돌파하며 최신 기록을 경신해가던 때였기에 당연한 반응이었을지 모른다. 하지만 조금 더 지나 주가가 하락을 시작하고 미처 빠져나오지 못한 개미투자자들이 시장 속에서 허덕이며 울상을 짓고 있다는 기사가 증권과 경제면에 오르내리자 그제서야 출판사 측에서 강한 확신의 메시지를 보내왔다.

일반적으로 부정적인 예측에 대한 사람들의 반응은 '그럴 리 없다'며 의심하는 쪽으로 쏠린다. 하지만 상승장에서보다는 하락장에서 다치는 사람이 훨씬 많다. 사실 상승장에서는 '투자를 해야 했는데 그러질 못했다'는 실망과 후회로 마음을 다치는 경우가 많지만, 급격한 하락장에서는 실질적인 재산을 날리고 하루아침에 깡통을 차 생계에 치명적인 영향을 받게 된다.

이렇듯 부정적인 예측에 미심쩍으면서도 미온적인 반응으로 일관하다 참패를 맛보는 투자자들을 볼 때면 항상 마음이 아프다. 또한 오랜 시간 연구와 분석을 거듭한 끝에 나름의 소중한 정보를 사람들에게 제공한다고 해도 이를 선뜻 받아들이는 사람이 그리 많지 않다. 대개 일반 투자자들은 대박주나 급등주를 콕 찍어주길 바라고 있기 때문에 '앞으로 시장의 경향이 어떠할 것이니 투자전략을 이렇게 가져가라' 는 말은 귀담아 듣지 않는다. 하지만 일반인들의 투자에 있어 정작 중요한 것은 앞으로의 시장 경향이며 이를 바탕으로 시장 진입 시기와 나올 시점을 잡아내는 것이다. 아무리 예측에 뛰어난 투자전문가라도 로또복권식의 소위 대박주를 항상 정확히 가려낼 사람은 없다.

투자는 진실하다. 뿌린 만큼 거둔다는 옛 속담은 그냥 나온 말이 아니다. 신문과 시장을 바라보고 현실에 대입해보면서 끊임없이 연구하고 분석하는 것에서 투자 성공이 싹트는 법이다. 세상에 거저 얻을 수 있는 것은 없다. 나 역시 엄청난 시간을 들여 지난 자료들을 찾고 분석하는 노력이 있었기에 지금 위치에 설 수 있었다. 맨땅에 헤딩하는 식으로 한발 앞서 투자시장을 분석하며 많은 오류를 접하고 정정하며 때로는 시간을 낭비한 적도 있다. 이 책을 통해 여러분들만큼은 내가 겪은 오류의 시간들을 줄일 수 있으면 좋겠다. 기왕 하는 투자라면 성공해야 옳다. 넓어진 시야와 시장에 대한 감각을 바탕으로 성공한 투자자로 남을 수 있기를 진심으로 바란다.

차례
Contents

서문　　5

제1부 단순한 시장원리 속에 성공 투자의 답이 있다
1장 재테크 깡통에서 재테크 전문가로 일어서기까지　　21
2장 금융자산가들의 투자습관　　41

제2부 투자시장의 비밀 읽기
1장 성공투자의 원칙_돈의 흐름을 간파하라　　51
2장 주식시장 읽기_주식시장의 숨은 비밀　　63
3장 부동산시장 읽기_부동산시장의 숨은 비밀　　107
4장 채권시장 읽기_채권시장의 숨은 비밀　　139

제3부 한국의 3대 투자시장에 대한 전망과 투자전략
1장 주식, 부동산, 채권시장의 진입 시기　　163
2장 최고의 기회_잡을 것인가 흘려보낼 것인가　　181
3장 대박은 없다　　185

맺음말　　191

제**1**부

단순한 시장원리 속에

성공 투자의 답이 있다

재테크 깡통에서 재테크 전문가로 일어서기까지

Chapter 01

투자실패를 통해 얻은 교훈

"오늘날 재테크는 선택이 아닌 필수다!" 단적인 예로 직장생활만 성실히 해서 알뜰히 돈을 모은다고 하더라도 일반적으로 집 한 채 장만하기까지는 평균 8년에서 10년이라는 기간이 걸린다. 옛날처럼 은행이자가 연 10~15%로 높던 시절에는 안 먹고 안 쓰며 악착같이 아끼고 저축하면 그래도 10년 이내에는 그럴 듯한 자기 집 한 채 혹은 운이 좋다면 두 채까지도 장만할 수 있었다. 하지만 지금은 오직 월급만으로 서울에 있는 집을 산다는 것이 사실상 거의 불가능해졌다. 결국 현대를 살아가는 우리들에게 재테크는 선택이 아닌 필수가 되어버린 것이다.

나는 지난 99년 6월에 주식투자를 시작하면서 재테크에 처음으로 발을 들여놓았다. 대부분의 일반투자자들과 마찬가지로 나 역시 2000년초 주식시장의 대폭락과 함께 상당한 정도의 투자금을 날리고 고배의 쓴잔을 마셔야 했다. 처음에는 엄청 속상하기도 하고 자존심도 크게 상처받았으며 약도 올랐다. 졸업과 동시에 국내 최고로 손꼽히던 이동통신 서비스업체에 입사해 기획과 전략을 담당하면서 나름대로 실력 있고 똑똑하다고 생각해오던 참이었기에 더욱 상처가 컸던 것 같다. 거의 모든 것에 자신 있던 내가 투자시장에서 그런 완패를 당했다는 게 너무 어이가 없었고 나중에는 오기까지 생겼다. 당하고만 있을 수는 없지 않은가.

개인적으로 나 자신에 대해 생각해볼 때 하나님이 내게 주신 장점이라면, 한 번 실수를 하면 그에 대한 원인을 철저히 파헤쳐서 같은 상황에 놓이게 되었을 경우 실수를 반복하지 않는다는 점이다. 당시 나는 주식시장을 너무 몰랐기에 실패했다는 점을 깨달았고 투자실패를 깨끗이 인정했다.

하지만 나는 본래 지고는 못사는 성격이다. 생각을 거듭한 끝에 나는 투자시장의 하나인 주식시장에 도전장을 내밀기로 했다. 주식시장을 이해하고 공부를 하기 위해 가장 먼저 했던 일은 대형서점에 가서 주식 관련 책을 모조리 사들여 읽고 외우는 일이었다. 당시 내가 읽었던 책들은 크게 두 가지로 나뉘는데, 하나는 차트분석 위주로 기술적 분석에 대해 설명하는 것이었고, 다른 하나는 투자에 관한 성공스토리를 풀어나간 것이었다.

　이렇게 수십 권의 책을 섭렵하고 나니 나름대로 자신감이 생겨나기 시작했다. 당장이라도 주식에 뛰어들면 수익을 낼 수 있을 거라는 주제넘은 착각이 마구 몰려왔다. 그렇게 해서 결국 실전투자를 다시 해보았지만 한 달이 넘도록 수익은커녕 손실만 계속해서 쌓여갔다. 나에게 무언가 문제가 있다는 생각이 들었다. 그래서 나는 그 전에 읽었던 책들 중에서 몇 권을 골라 다시 한번 정독하기로 했다. 그때까지도 나는 책의 내용을 제대로 파악하지 못했기 때문에 투자에 번번이 실패하는 거라고만 생각했다.

　책들을 다시 한번 확실히 읽고 나서 나는 다시 실전투자에 뛰어들었다. 하지만 결과는 역시 실패였다. 무언가 잘못된 게 틀림없다는 생각이 들었고 며칠간 고민에 고민을 거듭했다. 책의 내용을 제대로 소화해내지 못한 것도 아니었고 그렇다고 원칙을 무시하고 매매한 적도 없었다. 그러던 중 책에 있는 내용을 현실에 적용해보니 맞는 부분도 있지만 그렇지 않은 부분도 상당 수 존재한다는 것을 알게 되었다. 특히 저자의 논리적 근거를

뒷받침하려다 보니 억지로 꿰맞춘 내용도 적지 않았다.

　이때 문득 다른 좋은 방법이 떠올랐다. 경제신문 증권면에는 당일 시황과 주요 사건들 및 주요 경제지표들이 실려 있다. 이것을 매일매일 발생하는 주가차트에 대입시키면 시장에 대한 감각이 조금은 생겨날 거라는 확신이 들었다. 하지만 인터넷이 널리 보급되어 있던 99년도 이후의 신문기사들은 컴퓨터를 통해 검색할 수 있었지만 그 이전의 내용들은 신문을 실제로 확보해야만 했다. 나는 과거의 투자시장의 흐름을 파악하기 위해 도서관에 찾아가 20년간의 증권면 기사들을 모두 복사해왔다. 그것을 계속 들여다보면서 거기에서 입수한 정보를 HTS의 차트에 대입해가며 한국 시장에서 돈은 어디로 어떻게 흘러가는지 따져보기 시작했다.

　그러는 동안 나는 나름의 분석 툴을 개발해낼 수 있었고 시장의 흐름이 대충 어떤 식으로 전개되어가는지 간접적이나마 파악할 수 있었다. 그리고 나자 어느 정도 자신감이 생겼다. 나는 내가 찾아내고 개발해낸 것들을 실전에 곧바로 적용해보기로 했다. 결과는 대성공이었다.

　2001년 당시 주식시장은 1년간 하락장에 대한 반발매수세로 연초부터 급반등 중이었다. 나는 그때까지 연구해 밝혀낸 것들을 바탕으로, 한번의 큰 장세가 지나간 후 다음 장세에서는 시장의 학습효과로 인해 앞의 상승장세에서 수익이 좋았던 종목군으로 시장의 매수세가 일시적으로 몰려든다는 가정을 세우고 시장에 접근했다. 예를 들어 87~89년 강세장은 소위 트로이카(은행주, 증권주, 건설주)주들이 견인했었고, 이 주식들은 다음번 강세장인 93~95년의 초입에서 먼저 시세를 냈었다. 이 정보는 당시 내가 읽었던 책에 써 있던 것이 아니라 오로지 스스로 시장의 역사를 제대로 살핀 노력으로 얻어낸 작은 분석 툴에 불과한 것이었다.

  이러한 정보를 바탕으로 나는 99~2000년 장세에서 닷컴, 벤처주식으로 이름을 날렸던 '장미디어'와 '싸이버텍'이라는 두 가지 종목만으로 크게 3번 반복 매매를 했고 460%의 수익을 거둘 수 있었다. 나로서는 굉장한 성공이었다. 하지만 사실 그때 거둔 성공보다 더욱 값진 것은 시장을 읽는 눈이 생겼고 나만의 분석 툴을 더 정교하게 만들 수 있었다는 점이다.

선물옵션 수익으로 사업체를 열다

  거기에서 그치지 않고 나는 선물옵션시장도 공부하기 시작했다. 그 시장에서도 물론 혹독한 수업료를 치러야 했다. 하지만 결론적으로 말하자면 나는 시장의 핵심 메커니즘을 찾아낼 수 있었다. 선물옵션이 본래 완전한 제로섬 게임인데다, 외국인이나 기관투자자들이 엄청난 자금력으로 무장하고 밀고 들어오는 통에 나도 이래저래 얻어터질 수밖에 없었고 결국 선물옵션의 최소 증거금을 3번이나 모두 날려버려야 했다. 소위 깡통을 세 번 찬 것이다.

하지만 그 과정에서 나는 선물옵션에 관한 책들과는 전혀 무관하게 나만의 실질적인 투자노하우를 확보할 수 있었다. 말하자면 시장이 실질적으로 어떻게 돌아가고 그 속에서 과연 어떻게 수익을 낼 수 있는지에 대한 기본적인 시각을 터득할 수 있게 되었다는 말이다. 이 노하우를 바탕으로 나는 2003년초 이라크전을 앞두고 주식시장의 현물투자가 매우 위험하던 당시 선물옵션시장에 과감히 뛰어들어 800만 원으로 한달 남짓 만에 1억 원을 벌어들였다. 그 돈은 현재 내 사업체를 일구는 데 활용했다.

만일 내가 투자시장에 대한 근본적인 정보를 알지 못했다면, 나는 지금도 여전히 직장생활을 하고 있을지도 모른다. 당시 나는 IMF 위기에도 끄덕 없을 정도로 호황을 누리던 좋은 직장에서 인정을 받으며 편안한 직장생활을 하고 있었고, 그곳에서 관리자로서 무리 없이 잘 지내고 있었다. 그런 자리를 미련 없이 박차고 나온 데는 나름의 이유가 있었다. 2003년초 각종 지표들을 분석해보니 앞으로 전에 없는 초강세장이 수년간 지속되리라는 예측을 할 수 있었기 때문이다.

당시 나는 앞으로의 시장에 대한 나름의 예상을 주변 언론사 경제부 기자와 어른들 그리고 친구들에게도 말해주었다. 하지만 그들 모두 하나같이 했던 말이 "논리적 분석은 그럴 듯하지만 곧 실행될 이라크전으로 인해 경제가 나락으로 떨어지기 직전이기에 수긍할 수 없다"는 것이었다. 하지만 결과적으로 내 예상은 적중했고 지금까지 한국 증시는 연일 신고가를 경신하며 새로운 기록을 세워나가고 있다.

재테크의 기본도 모르면서 투자시장에 감히 뛰어들어 이리저리 채이고 얻어맞던 시절을 떠올려보면, 현재 전문투자자로서 간혹 언론의 조명을 받기도 하고 타인들의 투자금을 운용하고 있는 내 모습이 문득 새삼스럽다. 이런 내가 책의 집필을 수락했던 이유는 비록 나는 투자시장에서 깨지고 터졌지만 투자를 시작할 생각을 갖고 있거나 현재 투자 중인 다른 사람들은 그러지 않길 바라는 마음에서였다.

기왕 하는 재테크라면 시장에 대한 안목을 키우고 돈의 흐름을 주시하면서 어느 정도 수익을 내는 것을 목표로 해야 할 것이다. 또한 앞으로의 주식시장은 비교적 '맑음'이라고 할 수 있기 때문에 한번 해볼 만한 투자처가 될 듯하다. 기회가 다가왔을 때 제대로 잡기 위해서는 그 전에 준비를 해야 한다. 그러한 준비의 일환으로 이 책을 바라보았으면 좋겠다.

함정에 빠지지 말자

이 책의 독자들은 대부분 평소 재테크에 관심이 많고 꾸준히 투자를 해왔으나 무언가 좀더 확실한 방법을 얻고자 하는 목적으로 책을 집어 들었을 것이다. 또는 자신이 미처 모르고 있는 시장의 비밀이나 투자기법을 알기 위해 이 책을 읽고 있을지도 모르겠다. 그것도 아니라면 누가 추천을 했거나 선물로 받아 우연히 읽고 있는 사람도 있을 것이다. 그러나 만약 투자금을 잃은 뒤 그것을 빨리 찾으려는 목적으로 이 책을 읽고 있다면 그 사람은 또 실패할 가능성이 높다.

우선 '투자는 꼭 필요한 것인가?'라는 질문에 스스로 답해보아야 한다. 나에게 이 질문을 한다면 현재를 사는 모든 이에게 투자는 반드시 필요하다고 직설적으로 대답할 것이다. 투자라는 것은 어렵게 벌어들인 수입을 기초로 엄청난 레버리지 효과를 거둘 수 있게 해주는 것이기 때문이다. 물론 투자에는 '실패'라는 리스크가 반드시 존재한다. 즉 돈을 전혀 잃지 않은 채 무조건 수익만 낼 수 있는 방법이란 존재하지도 않거나와 그렇게 해줄 수 있는 사람이나 수단도 절대로 없다.

"은행에 맡겨두면 그나마 적은 이자라도 얻을 수 있으니 리스크 없이 수익을 내는 셈 아닌가"라고 말하는 이가 있다면, 그는 지금 힘겹게 벌어놓은 자산을 눈앞에서 조금씩 까먹고 있다는 사실조차 모르고 있는 사람이다. 지난 수년간 초저금리로 인해 은행이자는 연간 세금과 수수료를 떼면 기껏해야 4%를 조금 넘는다. 하지만 물가상승률은 이를 훨씬 뛰어넘는 수준이다. 따라서 은행에 있는 자산의 가치는 실질적으로 마이너스인 셈이다.

그러므로 투자에는 반드시 리스크가 수반된다는 전제하에, 우리는 잃지 않는 투자가 아니라 리스크를 최소화할 수 있는 투자를 해나가야 한다. 그 방법은 결국 자신이 투자하고 있는 시장에 대한 완벽한 이해와 앞으로 시장이 어떻게 흘러갈지에 대한 판단 속에 있다. 하지만 대부분의 사람들은 이 부분을 간과한다. 사실 이런 정보는 신문 속에 모두 들어 있다. 그렇지만 일반 사람들 중에는 경제면의 지표나 내용을 보면서 그것이 무엇을 뜻하고 예고하는지 전혀 감을 잡지 못하는 사람이 굉장히 많다. 신문기사는 본래 일반인들도 쉽게 이해할 수 있도록 쓰게 되어 있다. 그러니 신문만큼 전문적인 내용을 쉽게 풀어주는 매체도 없을 것이다.

그런데 소위 투자를 한다는 사람들-투자대상이 아파트이건 주식이건-대다수가 수박 겉핥기식으로 신문을 보거나 중요한 포인트는 죄다 놓쳐버리곤 한다. 설마라고 생각할지 모르겠지만 실제로는 이런 사람들이 태반이다. 학벌이 높거나 소위 잘나간다는 몇몇 투자자들도 예외는 아니다. 모든 사람들이 투자전문가나 투자의 고수가 될 필요는 없다. 하지만 최소한 시장의 핵심을 꿰뚫고 이해하는 능력을 갖춘다면, 적당한 투자로 꾸준한 수익을 거두는 성공적인 투자를 할 수 있게 될 것이다.

삶을 보다 여유롭고 윤택하게 영위하기 위해서 투자는 반드시 필요하다. 기업들이 리스크를 감안하면서도 생산시설에 투자를 하는 이유는 앞으로 더 나은 회사로 도약하고 더 많은 이윤을 창출하기 위해서이다. 개인들도 마찬가지다.

그렇다면 일반투자자들이 투자를 두려워하고 실패를 반복하는 이유가 무엇일까? 뻔한 함정에 반복적으로 쉽게 빠져들기 때문이다. 지금부터 여러분들을 유혹하거나 현혹시키는 함정을 하나하나 제시하겠다. 이것들은 일반투자자들이 성공적인 투자를 하기 위해 반드시 주의해야 하는 사항들이다.

■ 무모한 투자는 투자가 아니라 투기이다

대개 일반투자자들은 좀더 빨리 부자가 되려는 꿈에 젖어 카지노 식 투자를 밥 먹듯이 되풀이한다. 주식이나 부동산 하나에 모든 자금을 몰아넣는 것은 위험한 줄타기 곡예나 다름없다. 주식은 변동성이 무척 크다. 하루 만에 상한가에서 하한가까지 무려 30%의 변화를 겪기도 한다. 아무리 이성적이고 냉정한 사람이라도 하루에 30%에 달하는 평가익/평가손이 발생하면 이성을 잃기 쉽다. 이런 시장에 거의 전 재산을 베팅하는 것은 투기이지 투자라고 볼 수 없다.

부동산의 경우도 마찬가지다. 부동산은 환금성이 굉장히 취약하기 때문에 시장이 조금만 어려워져도 투자금을 바로 회수할 수 없다. 따라서 단일 시장에 모든 재산을 걸어버리는 무모한 투자는 절대로 삼가야 한다.

■ 최소한의 투자지식은 쌓고 시작하라

일반투자자들이 빠지기 쉬운 또 하나의 함정은 기본적인 투자지식도 없는 상태에서 큰돈을 투자한다는 점이다. 적지 않은 사람들이 은행이나 증권사 창구에 있는 여직원과 몇 마디 말을 나누고는 돈을 맡기곤 한다. 상식적으로 이해가 가지 않는 행태이기는 하나 이는 실제로 벌어지는 일이다. 이런 일이 벌어질 수 있는 이유는 창구를 지키는 직원들이 대개 "이름이 알려진 큰 회사가 자금을 운용하기 때문에 걱정하지 않아도 되며, 투자를 하면 무조건 수익을 내게 되어 있다"고 자신하며 투자자를 현혹하기 때문이다. 하지만 대부분의 창구 직원들은 해당 상품의 세일즈 포인트만 알고 있을 뿐 그 상품의 진짜 속성은 잘 모르고 있다.

일례로 백화점 매장에 들러 몇 가지 질문을 해보면 카탈로그에 나오는 수준의 내용을 설명해준다. 하지만 막상 그 제품의 작동법이나 타사의 제품과의 차이점까지 조목조목 따져 물으면 그 직원은 꿀 먹은 벙어리가 되곤 한다. 그런데도 사람들은 백화점에서 파는 물건이니 무조건 좋으리라는 생각으로 비싼 값을 치르고 물건을 사곤 한다. 그리고 나서 그 물건이 정작 자기에게 맞지도 않고 할인점이나 인터넷에서 훨씬 싸게 살 수 있다는 사실을 뒤늦게 알고 후회한다.

투자를 마음먹었다면 최소한 자신이 투자하려는 시장이나 상품에 대해 기본적인 지식을 갖추어야 한다. 전문가에게 투자금을 맡기는 경우에도 기본적인 지식이 있어야 옥석을 구분할 수 있다.

■ 좋은 투자정보는 쉽게 구해지지 않는다

정말 좋은 투자정보를 얻어냈다며 금방이라도 부자가 될 듯이 기뻐하는 사람들을 종종 보게 된다. 하지만 들어보면 이미 웬만한 사람은 다 아는 내용이 대부분이다. 투자시장은 90%의 사람들이 잃고 10%만 수익을 내는 시장이다. 따라서 그 10%의 사람들이 알고 있는 정보여야 성공할 수 있다. 그런데 그런 고급 정보나 자료들이 아무런 대가 없이 손에 쉽게 쥐어질까? 절대로 그렇지 않다.

그런 정보에 쉽게 접근할 수 없다면, 좋은 투자분석과 정보를 얻기 위해서는 결국 끊임없이 노력하는 수밖에 없다. 신문의 경우 단돈 500원으로 굉장히 많은 정보를 접할 수 있다. 하지만 그 정보들이 실제로 투자수익으로 연결되는 경우는 많지 않다. 왜 그럴까? 수익은 정보를 얻기 위해 들이는 비용과 시간에 정비례하기 때문이다. 나는 남들이 편하게 쉬는 동안 중앙도서관을 들락거리며 복사비만 해도 수십만 원을 들였고 엄청난 시간을 쏟은 후에야 좋은 결과를 거둘 수 있었다.

■ 투자전문가의 선택이 중요하다

진정한 투자전문가는 특정 시장뿐만 아니라 돈이 흐르는 시장을 정확히 꿰뚫고 있다. 그리고 그 이유에 대해서도 정확한 자료를 바탕으로 확실히 답변해줄 수 있다. 그런데 우리가 언론에서 흔히 접하는 전문가라는 사람들 중에는 진정한 전문가도 많지만 내가 보기에 일반투자자보다 훨씬 못한 사람들도 굉장히 많다. 문제는 일반투자자들이 족집게 도사만을 찾아다닌다는 점이다. 즉 세상 어딘가에는 족집게 도사가 살고 있으며 그 도사에게 돈만 잘 가져다주면 대박주나 뜨는 아파트를 콕콕 집어줄 것이므로 곧 부자가 될 거라는 착각에 빠져 사는 사람들이 생각보다 많다. 내가 아는 재야의 숨은 고수들 중에 돈 되는 종목만 정확히 짚어내는 사람은 없다. 그리고 고수라고 널리 알려진 사람들도 간혹 투자에 크게 실패한다.

진정한 투자전문가를 곁에 두어라. 물론 그들이 여러분들의 수익을 반드시 보장하지는 않겠지만, 큰 손실은 미연에 방지해줄 수 있을 것이다.

■ 투자 실패를 두려워해서는 성공할 수 없다

많은 사람들이 두려움으로 인해 정말 좋은 투자시기를 놓치고는 나중에 과열양상이 빚어지고 나서야 뒤늦게 뛰어들어 실패하는 경우를 종종 볼 수 있다. 이는 결국 투자에 대한 두려움 때문에 빚어지는 결과이다. 즉 손실을 보게 되면 어쩌나 하는 막연한 두려움 때문에 정작 투자를 해야 할 시기에는 뒷짐 지고 먼산 불구경 하듯 가만히 있다가 남들이 엄청난 수익을 거두고 있다는 말을 듣고는 그 말에 혹해서 그제서야 따라 나선다. 그렇게 투자가 두려우면 아예 하지 말아야 하는데, 결국에는 꼭 막차를 타고야 만다. 앞에서도 이야기했지만, 리스크 없는 투자는 세상 어디에도 없다. 차라리 손실을 볼 것이라는 생각으로 투자를 해야 마음이 편하다. 절대로 손실을 안 보려고 하기 때문에 계속해서 망설이게 되는 것이다.

실패를 두려워하지 말기 바란다. 대신 시장을 이해하고 판단하는 능력을 기르는 데 꾸준히 정진하라. 그러면 막연한 두려움이 자신감으로 바뀌게 될 것이다.

이 다섯 가지의 함정에 빠져드는 것을 주의하라는 당부의 말을 하고 싶다. 시장을 충분히 알기 전까지는 자기가 감당할 수 있는 리스크 범위 내에서만 투자를 해야 한다. 이것을 무시하기 때문에 결국 실패에 대한 두려움이 앞서는 것이고 뒤늦게 무모한 투자를 반복하게 되는 것이다. 그러다 돈을 잃고 나면 마음만 급해져서 점쟁이 도사만 찾아다니고 고수라고 소문난 사람들에게 모든 것을 거는 도박을 감행하기도 하는 것이다. 시장에는 이런 사람들의 심리를 교묘히 이용하려는 거짓 전문가들이 달콤한 속삭임을 끊임없이 보내고 있다. 각별히 주의하기 바란다.

투자에 성공하고 싶다면
종목이 아닌 시장에 투자하라

내가 가장 듣기 싫은 질문 중 하나가 "뭐 살 만한 것 없어? 뭘 사야 하니?"라는 것이다. 그런데 이렇게 묻는 사람들은 사실 알려줘도 수익을 얻지 못한다. 이런 사람들 중에는 실제로 투자에 나서는 사람도 거의 없거니와, 투자를 한다고 해도 본인이 정확히 이해하고 판단을 내린 게 아니라 남에게서 듣고 투자를 한 것이기 때문에 조금만 손실을 봐도 불안해하며 장기투자를 하지 못하기 때문이다.

우리 회사에서 조언을 받는 한 투자자의 경우 질문이 항상 단순하다. 그는 "지금 어느 시장에 투자할 시점이냐?"고 묻는다. 즉 돈이 흘러가는 곳을 묻는 것이다. 그 사람은 돈이 흘러가는 곳이라면 대충 투자해도 웬만큼 수익을 얻는 데 전혀 무리가 없다는 사실을 이미 알고 있는 것이다. 또한 돈이 빠져 나가고 있는 시장의 경우 온갖 재주를 다 부려보아도 수익을 얻기가 하늘의 별따기라는 사실도 이미 꿰고 있는 것이다.

부자들의 투자전략은 항상 이런 식이다. 그들은 종목이나 사야 할 시점 또는 팔아야 하는 시점을 투자전문가보다 정교하게 잡아내지는 못하지만, 대신에 어느 시장으로 투자처를 재빨리 변경해나가야 하는지는 정확히 알고 있다. 또한 이런 정보를 얻는 데만큼은 많은 비용과 대가를 선뜻 지불한다.

　　한국 증권사들의 경우 미국처럼 투자자문과 조언을 해주고 상품구성과 자산운용 방안을 제시해주며 일정 수수료를 받는 영업이 정착되어 있지 않다. 2003년도에 개인별 밀착관리와 이에 따른 수수료 수입을 목적으로 한 랩어카운트라는 것이 잠깐 반짝했으나 지금은 거의 구경할 수 없다. 결국 또 다시 개인거래에 의한 거래 수수료 수입에만 의존할 수밖에 없는 구조로 더욱 고착되어 가고 있는 것이다. 정말 높은 수익을 위해 고급 정보를 얻기를 원한다면 자신이 부족하다고 느끼는 무형의 가치에 대해 기꺼이 투자할 줄도 알아야 한다.

　　또한 성공적인 투자를 소망한다면 시장의 흐름과 반대 의견을 제시하는 사람의 목소리에 항상 귀를 기울일 줄 알아야 한다. 나중에 맞았는지 틀렸는지를 논하라는 게 아니라, 군중심리에 휩쓸려 시장을 한쪽 시각으로만 보는 편견을 피하라는 말이다. 투자시장은 동전의 양면성을 지니고 있다. 즉 긍정적 측면이 존재하면 반드시 부정적인 측면도 함께 존재한다.

　　그런데 시장이 상승하거나 과열을 빚을 때에는 긍정론자들만 득세하게 되어 시장의 위협요소를 부르짖는 사람들은 그 속에서 무시당하거나 외톨이가 되곤 한다. 반대로 시장이 극심한 하향조정을 보일 때는 부정론자들이 득세를 하여 곧 이어 좋아질 여건을 미리 간파한 긍정론자들의 의견이 무시되기 일쑤다.

언론의 지면에 과도하게 의지할 경우에는 이런 함정에 쉽게 빠져든다. 특히 우리나라의 경우 언론사들의 수가 너무 많아 지면에 실리는 내용과 기사가 경쟁적으로 흐르다 보니 시장의 인기에 부합하는 내용으로만 도배되는 경우가 많다. 이 때문에 투자에 나서기 직전에 제목만 슬쩍 보는 식으로 신문을 활용하다가는 자칫 시장의 고점이나 저점에서 큰 낭패를 볼 소지가 높다.

즉 상승 의견과 하락 의견이 충돌하면서 움직이는 경우에는 투자자들이 시장을 찬찬히 살피면서 정석으로 투자를 하지만, 시장이 과열양상으로 치닫거나 심각 냉각기를 보일 경우 이성적 판단을 내리지 못하고 무리한 투자판단을 내리게 되어 결국 상당수의 일반투자자들이 실패를 맛보게 된다.

나는 지난 3년간 시장의 주요 변곡점을 정확히 예측하면서 몇 차례에 걸쳐 언론의 스포트라이트를 받았다. 이는 사실 내가 남보다 월등히 뛰어난 정보력과 분석력을 지녀서라기보다는 항상 반대 측까지 고려하는 중립적 자세로 시장에 임했던 덕분이다. 즉 나는 시장이 과열 국면일 때는 숨어 있는 악재요인들을 냉철하게 검증해보았고, 반대로 모두들 아우성치면서 자포자기성 매도를 할 때는 시장에 숨어 있던 호재요인을 비교적 정확히 찾아냈다. 이것이 지난 3년간 내가 각 시장에서 남보다 먼저 정확히 예측을 해내고 과감한 투자를 할 수 있었던 요인이다. 이것은 결국 시간의 문제였을 뿐 커다란 성공으로 나에게 되돌아왔다.

금융자산가들의 투자습관

Chapter 02

금융자산가들은 어떤 식으로 투자를 할까? 주변을 둘러보면 경기가 좋건 나쁘건 항상 넉넉한 생활을 해나가는 금융자산가들을 볼 수 있다. 보통 금융자산가라고 하면 현재 보유하고 있는 현금이 최소 50억, 부동산까지 합치면 자산이 약 200억대에서 400억대에 이르는 사람들이다. 시장에는 이런 사람들이 틀림없이 존재하고, 그들은 시장의 등락에 관계없이 삶을 항상 일정하게 꾸려나간다.

대부분의 직장인들도 그러한 부류에 포함되기를 꿈꾸며 지식을 늘리기 위해 외국에 나가 학위를 따오기도 하고 직장에서 좀더 많은 일을 하기도 한다. 하지만 그런다고 해서 금융자산가의 반열에 오를 수 있을까?

우리는 흔히 부자가 되려면 부자와 같은 생각을 하고 부자에게 점심을 사라는 얘기를 한다. 나도 개인적으로 만난 두 명의 금융자산가에게 그들만의 노하우를 얻기 위해 식사도 사봤고 많은 얘기도 들었다. 금융자산가들의 투자는 사실 어떻게 보면 굉장히 단순하다. 여러분들도 한번쯤 되새겨볼 필요가 있겠다 싶어 지금부터 그들의 부자습관을 전달하고자 한다.

금융자산가들의 투자특징

금융자산가들의 투자를 살펴보면 단순하면서도 명확한 진리가 숨어 있는데, 그 중 가장 기본적인 것이 바로 복리의 힘을 알고 있다는 사실이다. 고등학교 때 다들 한 번쯤은 복리에 대해 배우고 계산도 해보았을 것이다. 예를 들어 시장에서 매년 10%의 수익을 얻는다면, 즉 기초자산대비 기말자산이 매년 10%씩 늘어 난다면, 1천만 원을 투자해봐야 1년에 100만 원밖에 벌지 못한다. 하지만 2년째는 1,100만 원의 10%인 1,210만 원으로 늘어나고 이를 꾸준히 병행하다 보면 20년 뒤, 30년 뒤에는 어마어마한 액수가 된다. 얼마가 될지는 각자 한번 계산해보기 바란다. 제시된 표를 보면 1천만 원으로 1년에 10%의 수익을 얻을

표 2-1 복리계산표

구분	1,000만 원 투자시		1억 원 투자시	
투자기간(년)	년간 수익금(만원)	기초자산 변화(만원)	년간 수익금(만원)	기초자산 변화(만원)
1	1,000	11,000	10,000	110,000
2	1,100	12,100	11,000	121,000
3	1,210	13,310	12,100	133,100
4	1,331	14,641	13,310	146,410
5	1,464	16,105	14,641	161,051
6	1,611	17,716	16,105	177,156
7	1,772	19,487	17,716	194,872
8	1,949	21,436	19,487	214,359
9	2,144	23,579	21,436	235,795
10	2,358	25,937	23,579	259,374
15	3,797	41,772	37,975	417,725
20	6,116	67,275	61,159	672,750
30	15,863	174,494	158,631	1,744,940

때 몇 년 뒤 얼마가 되는지, 그리고 1억으로는 얼마가 되는지 알 수 있다.

이렇게 계산해보면 과연 몇 년 안에 여러분들이 꿈꾸는 곳에 도달할 수 있는지 쉽게 파악할 수 있을 것이다. 금융자산가들은 무엇보다도 이러한 복리의 힘을 잘 알고 있다. 그들은 한 번에 두 배 혹은 대박을 노리는 투자를 하기보다는, 꾸준히 수익을 낼 수 있는 안정적인 투자처에 접근한다.

다음으로 금융자산가들은 자신의 본업, 즉 현재 자기가 하고 있는 일에 굉장히 충실히 임한다. 나도 처음에 이 말을 들었을 때 무척 혼란스러웠는데, 이 말은 투자금을 제외한 기초생활을 일정 수준 꾸준히 유지해나가며 투자를 한다는 의미다. 즉 자기 본업에 충실해 거기서 항상 일정액의 생활비를 충당하고, 또 그 생활비 중 일부 여유자금을 투자로 돌려서 투자금액을 조금씩 꾸준하게 늘려가는 방법을 택했다는 말이다. 그들의 자산은 어느 한순간에 로또복권에 당첨되어 생겨난 것이 아니라, 오랜 세월 동안 쌓아온 결과물인 셈이다. 내가 만난 한 금융자산가도 최소 25년 이상의 세월이 흘러서야 지금과 같은 수준에 이르렀고 이제는 남들이 부러워하는 수준까지 와 있다.

이 책을 보게 될 대다수가 직장인이나 조그마한 사업체를 운영하는 자영업자일 텐데, 자신을 한번 되돌아보기 바란다. 10년 전 자신의 수중에 있던 금융자산 상황과, 연봉이나 소득이 그때보다 올랐을 지금의 상황을 비교해볼 때 크게 나아졌는지 한번 비교해보라. 대부분의 사람들이 10년 전과 크게 달라진 게 없을 것이다. 그간 차를 조금 큰 것으로 바꿨고 좀더 큰 평수의 집으로 옮기기는 했겠지만, 연봉이 많이 올랐고 나름대로 열심히 벌었을 텐데도 자기 수중에 실질적으로 가지고 있는 금융자산은 그리 많지 않을 것이다. 왜 그럴까?

일정한 돈으로 꾸준히 투자를 반복해 자산을 늘려가는 데 활용하지 않고, 수입이 조금 늘어나면 그때그때 모두 소비해버리기 때문이다. 대부분의 사람들이 그렇게 살아가고 있고 그래서 자산이 일정 수준 이내에서 더 이상 크게 늘어나지 않는 것이다. 즉 돈이 돈을 버는 구조로 빠른 시간 내에 바뀌어야 하는데, 사람들이 이 부분을 간과하고 있기 때문에 결국은 10년, 20년이 지나도 금융자산이 늘기는커녕 오히려 살림이 더 힘겨워지는 것이다.

투자에는 일정한 기간이 필요하다. 1, 2년이 아니라 5년, 10년, 20년이 필요할 수도 있다. 그런데도 예를 들어 삼성전자 주식을 사놓고 5개월간 투자를 했는데 오히려 10%의 손해를 보았다며 울상을 짓고, 그 10% 손실에 조바심을 내다 보니 결국 투자가 아닌 시세를 쫓는 투기만 반복하게 된다. 이것은 주식시장뿐만 아니라 부동산시장에서도 명확히 나타나는 현상이다. 즉 부동산의 분양권을 하나 얻어서 전매를 통해 단기 수익만을 올리고자 하는 사람은 부동산으로 큰 수익을 낼 수 없다. 물론 이런 사람들이 분양권 프리미엄 정도의 몇 천만 원은 쉽게 벌기는 하지만 결국 큰 부동산을 사들이는 데는 실패의 쓴 맛을 보곤 한다. 과거 분양권 전매 분양이 허용되던 시기에 2001년과 2002년처럼 부동산 열풍이 불어닥쳤을 때는 빠른 매매를 통해 1, 2억 정도를 쉽게 모을 수 있었지만 지금은 그럴 수 없다.

금융자산가들 중에 일반적으로 부동산 자산이 많은 경우를 흔히 볼 수 있는데, 이는 그 사람이 부동산을 의도적으로 많이 사들여서가 아니라 좋다고 판단되는 부동산을 사서 5년이고 10년이고 꾸준히 가지고 있다 보니 그것의 가치가 조금씩 조금씩 올라가면서 자산 규모가 커진 것뿐이다. 물론 금융자산가들도 처음에는 주식, 채권, 은행에 투자해 수익을 꾸준히 늘리고 그런 뒤에 임대수입을 목적으로 좋은 부동산을 사곤 하지만, 의도적으로 부동산에 집중투자를 해서 돈을 벌지는 않았다. 적어도 내가 만나본 금융자산가들은 그렇다.

금융자산가들의 정말 뛰어난 특징 또 한 가지는 시장에 투자할 줄 안다는 점이다. 그들은 시장의 흐름을 탈 줄 안다. 그들은 주식시장이 좋을 때는 주식, 부동산이 뜰 때는 부동산, 채권시장이 괜찮을 때는 채권, 이도저도 아닐 때는 은행으로 투자금을 돌린다. 즉 시장의 큰 변화와 흐름을 정확히 꿰뚫고 있는 것이다. 이들은 주식의 어떤 특정 종목에 투자를 해서 갑자기 몇 배의 수익을 올리거나, 개발 호재가 있는 부동산에 투자해 몇 백%의 수익을 쉽게 거두는 식으로 돈을 벌지 않는다. 대신 주식시장이 활황일 때는 저평가되어 있는 삼성전자나 포스코 같은 국내 우량기업의 주식을 사들여 꾸준히 보유하다가 크게 수익을 얻고, 시장이 100% 과열되기 전, 80%선 정도에서 적정시점이 되면 그 시장을 과감히 떠나 다른 시장으로 갈아탄다. 그들은 시장을 꿰뚫어 보는 데 있어 동물적인 감각을 발휘하며, 그 감각을 바탕으로 특정 종목이 아닌 시장에 투자할 줄 안다.

나는 이 책을 통해 시장의 저점과 고점을 어떻게 잡아내는지, 그리고 시장이 어떻게 상승할지에 대해 내가 그간 연구해온 것들을 전달하고자 한다. 이것이 바로 안정적인 수익을 올릴 수 있는 가장 기본적인 방법이기 때문이다. 책의 지면이 한정된 관계로 아주 자세히는 밝히지 못할 것이다. 만일 그런 부분들이 있다면 다음 기회를 만들어 좀더 자세히 설명할 생각이다.

제 **2** 부

투자시장의 비밀 읽기

성공투자의 원칙 돈의 흐름을 간파하라

Chapter 01

투자의 해답은 가장 평범한 원리 속에 있다

일반인들이 투자자로서 성공하는 방법은 돈의 흐름을 정확히 간파하는 것이다. 이 말을 들은 사람들은 하나같이 그렇게 하고는 싶지만 그게 제일 어렵지 않느냐고 반문하곤 한다. 이러한 반문에 강한 부정을 할 수는 없지만 그렇다고 동의할 수 있는 것도 아니다. 조금만 신경 써서 노력을 한다면 오히려 가장 쉽게 간파할 수 있는 것이 바로 돈의 흐름이라고 나는 자신 있게 말할 수 있다.

금융자산가로서 정말로 성공하고 싶다면 우선적으로 돈의 흐름을 꿰뚫을 수 있는 선구안을 가져야 한다. 그렇다면 그런

혜안을 어떻게 터득할 수 있을까? 이 문제에 접근하기 위해 상식적이고 기본적인 수준의 경제원리를 간단히 살펴볼 필요가 있다. 물론 이것은 경제학 전공자 수준을 요구하는 것이 절대로 아니다. 고등학교만 졸업해도 쉽게 이해할 수 있는 지극히 평이하고 단순한 시장논리이기 때문이다. 내가 지난 3년간 주요 언론을 통해 시장의 변곡점을 사전에 정확히 예측하고 한발 앞서 성공적인 투자전략을 펼칠 수 있었던 것은 복잡하고 어려운 경제이론을 완전히 습득하거나 특별한 비법이 있어서가 아니라, 가장 기본적이고 평범한 원리를 데이터화해서 응용했기 때문이다. 지금부터 여러분은 이 책을 읽어가면서 그러한 기본원리를 차근차근 익혀가게 될 것이다.

"시장에서 돈은 어디에 몰릴까?"라는 막연한 질문을 던진다면 뭐라고 대답하겠는가? 정답은 "돈을 벌 수 있는 곳에 몰린다"이다. 지극히 평범하고 당연한 대답이다. 그런데 이런 평범하고 당연한 대답 속에 투자시장의 비밀이 숨어 있다. 무슨 똥딴지같은 말이냐고 할지 모르겠지만, 조금 전에도 말했듯이 기본적이고 당연한 논리부터 차근차근 알아가다 보면 이 책을 끝까지 읽는 순간 무릎을 탁 치며 어느 정도 투자의 자신감을 얻을 수 있을 것이다.

돈은 돈을 벌 수 있는 곳에 몰리게 마련이다. 그런데 돈이 몰린다는 것은 뒤집어 얘기하면 누군가 잃어주는 사람이 있다는 말이 된다. 즉 돈이 몰리기 때문에 시장이 과열되고 큰돈을 벌 수 있는 기회가 존재하며, 반대쪽에는 잃어주는 사람이 생기게 마련이다. 문제는 버는 쪽과 잃는 쪽이 정확히 반반이 아니라 대개 10%만 벌고 나머지 90%는 잃게 된다는 점이다.

물론 초기시장에서 과열양상이 빚어지기 전까지는 대부분의 사람들이 조금씩이나마 수익을 거두지만 일정 수준을 지나면서부터는 결국 상당수의 사람들이 패배자로 남곤 한다.

여기에서 수요공급의 원리를 생각해보자. 과열양상을 빚고 있는 곳에 돈이 몰린다는 것은, 수익을 거두기 위해 사고자 하는 사람이 많다는 것이고, 반면 공급은 제한적이라는 말이 된다. 결국 사고자 하는 사람이 많아지면 공급을 크게 늘리지 않는 한 시장은 계속해서 과열양상을 빚으며 너도나도 사자고 덤비면서 가격이 급등하게 될 것이다. 반대로 공급이 수요를 초과하면 너도나도 팔려고 하기 때문에 수요자는 점점 더 싸게 살 시점을 찾으려고 눈치만 볼 것이고 너무 싸다는 것에 도리어 불안을 느끼며 사는 것을 더욱 꺼리게 될 것이다. 이 역시도 당연한 논리이다. 그런데 이 당연한 논리를 일반투자자들은 종종 망각한다. 이제 이 단순한 논리를 각 시장에 빗대어 구체적으로 파헤쳐보자.

주식시장에서 돈은 어떻게 흐르는가?

먼저 주식시장을 보자. 최근 1년간 주식시장이 초급등을 하게 된 이유는 여러 가지가 있으나, 기본적으로는 수요공급의 원칙에 따라 상승할 수밖에 없는 상황이었다.

지난 IMF 때 우리는 대우, 기아, 한라, 한보 등 쟁쟁한 대기업과 불패를 자랑하는 은행까지 상당수 사라지는 것을 몸소 체험했다. 이 과정에서 많은 기업들이 증권시장에서 상장폐지를 당하거나 수십대 일까지의 감자를 겪으면서 시장에 주식수가 급격히 감소하게 되었다. 더구나 IMF 당시 주식시장이 워낙 좋지 않았기 때문에 유상증자는 꿈에도 꿀 수 없어 대부분의 회사들이 엄청난 금리를 각오하고 회사채 발행을 통해 자금을 겨우 조달할 수 있었다. 그 결과 순식간에 주식수(공급)가 급격히 줄어들었다.

이후 외환위기의 쇼크가 어느 정도 진정되면서 경제가 회복될 조짐을 보이자 주식을 사려는 사람들이 조금씩 늘어났으나 이미 시장은 공급이 수요보다 절대적으로 부족한 상황이었다. 그 뒤로도 많은 사람들이 주가상승을 바라보면서 시장에 계속적으로 참여하였고, 시장이 과열양상을 빚자 많은 신생기업들이 코스닥이라는 곳을 통해 주식공급을 늘려갔으며, 여기에 각종 유무상증자까지 합세해 공급이 엄청나게 늘어났다. 결국 단기간

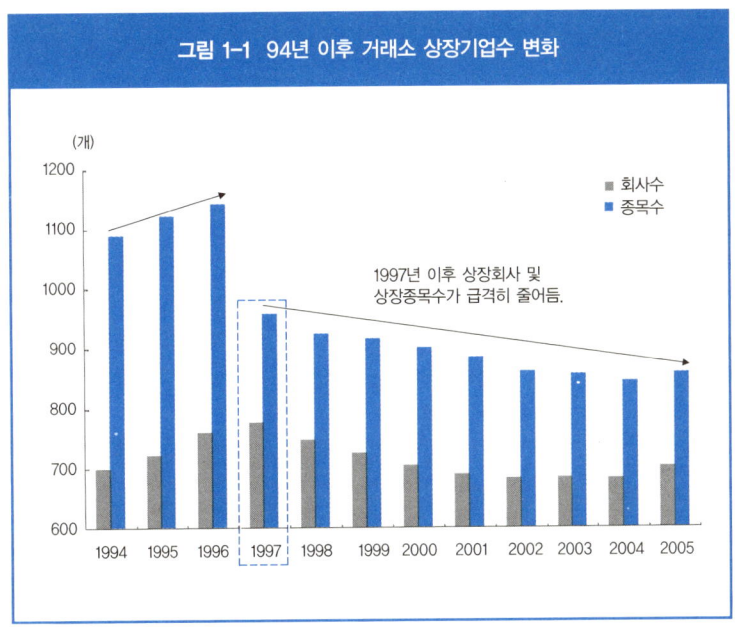

출처: 증권선물거래소

에 수요우위에서 공급우위로 시장이 뒤바뀐 것이다.

이렇게 되면 시장은 당연히 급락하게 된다. 주식시장은 급격히 폭락하기 시작했다. 코스닥시장의 경우 최고 292P에서 1년도 안돼 50P까지 폭락하면서 IMF 당시와 마찬가지로 수익이 나쁘거나 비정상적인 기업은 마구 퇴출당했다. 대기업들조차 다시 유상증자 물량을 급격히 줄이면서 시장 공급이 서서히 줄어들기 시작했다. 또한 99년~2000년의 버블을 경험하면서 상장요건이 크게 강화되었고 시장은 공급물량이 제한적일 수밖에 없는 구조가 되었다. 여기에 기업들은 주가안정과 경영권 방어를 위해 자사주 매입에 적극적으로 나서면서 시중에는 주가상승이 일어나도 도리어 주식수는 더욱 줄어드는 기이한 현상이 발생하게 되었고 그것이 현재에 이르고 있는 것이다.

하지만 이러한 상승도 언젠가는 2000년 버블과 같은 상황에 직면할 것이다. 하지만 아직은 공급이 수요보다 절대적으로 열세인 상황이므로 주식시장의 상승은 지속해서 진행될 수밖에 없을 것이다. 즉 앞으로도 주가는 훨씬 더 갈 수 있다는 얘기다.

부동산시장에서 돈은 어떻게 흐르는가?

다음으로 부동산시장을 살펴보자. 뒷부분에서 부동산시장을 읽는 비밀에 대해 다시 자세히 설명하겠지만, 부동산 역시 주식시장과 마찬가지로 철저히 수요와 공급의 논리를 따른다.

IMF 당시 상당수의 사람들이 실직을 당했고 원화가치 폭락과 더불어 IMF의 권고에 따라 연 20%가 넘는 고금리 시대가 열렸다. 그러면서 돈이 은행예금이나 채권으로 급속히 몰리기 시작했다. 부동산의 경우 금융자산가들은 부동산 가격상승을 노리고 투자에 접근하기보다는 임대수익을 크게 얻는 쪽에 먼저 무게를 두고, 시간이 지남에 따라 자산가치의 상승을 도모하는 일석이조의 효과를 생각한다. 그런데 부동산 임대수익의 경우 일반적으로 연 10~15%면 굉장히 성공하는 것인데, 은행이율이 IMF 당시 20%에 이를 정도니 당연히 부동산 매입보다는 은행저축이 더 고수익을 얻을 수 있는 상황이었다.

여기에 경기가 좋지 않으니 아무도 사무실이나 상가를 얻어 사업을 하려 들지 않았고 그러다 보니 공실률이 더욱 높아지면서 자연스럽게 부동산 가치하락을 유발할 수밖에 없었다. 또한 아파트 등 주택을 소유하고 있는 일반인들은 실직 이후 수입이 급격히 줄면서 보유하고 있던 주택조차 대출담보제공으로 활용하다 이자를 갚지 못해 경매로 넘기거나 헐값에 처분하는 일이 다반사였다. 즉 부동산(여기서는 이해를 돕기 위해 아파트 등 주택으로 한정하기로 하자)을 경매에 서로 팔자고 나서니 공급은 엄청나게 늘어나는 데 반해, 사고자 하는 사람이 없으니 부동산 가격은 급락할 수밖에 없었다.

신규 분양을 통해 수익을 창출해야 하는 건설사들은 이러한 경기침체 속에서 아파트를 신규 공급해도 미분양이 속출함에 따라 자금이 돌지 못해 IMF 당시 속수무책으로 쓰러졌다(대표적인 대형건설사가 한양주택, 우방, 청구, 건영 등이다). 여기서부터 문제가 발생한다. 기존 주택은 매물이 많이 나와 있어 공급이 수요를 초과하나, 신규 주택의 경우 미분양으로 인해 건설사들의 공급 축소와 부도로 신규 공급이 급격히 줄어들게 되면서 공급이 수요를 밑도는 일이 발생하게 되었다.

이후 경기가 회복되면서 주택 수요가 늘기 시작하자, 이번에는 상황이 바뀌어서 수요가 공급을 초과하기 시작했다. 이것이 99~2000년 주식시장의 폭등에 가려진 채 또 하나의 공급 절대부족의 투자시장으로 서서히 변모했다. 결국 2001년 초 전세대란, 월세대란을 시작으로 강남을 중심으로 전국적 부동산 광풍이 몰아치게 되었던 것이다.

문제는 부동산시장의 경우 주식시장과는 달리 이제는 서서히 공급 우위의 상황으로 변모해가고 있다는 것이다. 지방을 중심으로 미분양 아파트와 신규 아파트 입주율이 저조한 현상이 그것을 입증해주고 있다. 다만 예전과 달리 극심한 차별화를 만들어내면서 진행되고 있어 앞으로 부동산시장은 전반적으로 하향 안정화되는 가운데 부분적으로는 폭등양상이 전개될 것이다. 뒤에서 이 부분은 좀더 설명하기로 하겠다.

지금까지 투자시장의 기본원리에 대해 개략적으로 설명했다. 이쯤에서 고개가 끄덕여진다면 이해가 아주 빠른 것이고, 아직 갸우뚱하다면 다음 장에서 설명할 각 투자시장의 비밀을 차분히 읽어보자.

일반투자자들이 투자에 실패하는 이유

돈을 버는 사람이 있으면 잃는 사람이 존재하게 마련이다. 일반인들이 투자에서 승자로 남지 못하는 이유는 밀짚모자를 겨울에 사는 지혜를 발휘하지 못하기 때문이다. 조금 전에 설명한 대로 시장이 극도로 침체되어 있다는 것은 공급초과 상황이며, 이 시점에서 투자(매수)를 하게 되면 시간의 문제이지 결국 큰 수익을 낼 수 있다. 그런데 일반인들은 조금이라도 더 싸게 사고 싶어하고, 지금보다 더 폭락해서 투자원금을 날릴지 모른다는 불안감 때문에 선뜻 투자하지 못한다. 그러다가 언론에서 된다고 떠들거나 주위 사람들이 너도나도 몰리면 그때서야 같이 동참하는, 소위 수익과는 전혀 무관한 투자를 하곤 한다.

이 경우 심리적으로는 편안하다. 크게 실패하지 않을 것 같은 기분이 들기 때문이다. 그런데 이미 너도나도 몰릴 때 들어왔으니 높게 사서 조금의 수익을 볼 수는 있겠지만 기본적으로 공급을 크게 늘릴 수 있는 시점에 임박해 있기 때문에 항상 급격한 폭락을 경험할 수밖에 없는 것이다. 이 과정에서 대다수 사람들이 잠깐의 작은 투자수익에 취해 있다가, 마치 신선놀음하다 도끼자루 썩는 줄 몰랐다는 것처럼 어느 순간에 그 작은 수익조차 모두 허공에 날리고 오히려 투자원금까지 까먹는 우를 범하게 된다. 이것은 과거부터 늘 반복되었던 일이다.

3부에서 한국의 3대 시장을 조명해보면서 언급하겠지만, 현재의 여건들을 감안해볼 때 11월 이후 주식시장에 대한 투자 전망은 굉장히 밝은 편이다. 물론 아무리 시장이 좋아도 잃는 사람이 있게 마련이지만, 사실 일반투자자들의 경우 전반적인 시장 상황이 좋을 때가 투자하기 가장 유리하다. 지금처럼 시장이 다소 혼란을 겪고 있을 때 정보를 모으고 각종 지표를 확인해보면서 준비한 뒤, 자신이 생각했던 대로 지표나 상황이 움직여주면 그때 함께 움직이면 된다.

하지만 일반투자자들은 대개 당장의 시황이나 손실에 연연해하고 큰 그림을 바로보지 못하는 경우가 굉장히 많다. 그러다 보니 시장이 하락하자마자 손절매를 해서라도 일단 매도하느라 전전긍긍하고, 막상 시장이 좋을 때는 투자금을 확보하지 못해 그저 바라만 보고 있는 경우가 허다하다. 자신이 보유 중인 종목이 하락세를 걷는다면 일단은 그 이유가 무엇인지 따져보고 앞으로 상황이 어떻게 전개될지 판단할 수 있어야 한다.

필자가 제시해주고자 하는 게 바로 이것이다. 시장의 흐름을 읽고 그 기저에 있는 에너지를 관측하는 방법 말이다. 이는 생각보다 그리 어려운 일이 아니며 우리 주변에서 흔히 접할 수 있는 자료들 몇 개만으로도 대략적으로 얻을 수 있는 지식이다.

일례로 현재 투자 중인 사람들의 경우 신문의 증권면이나 재테크 면만 뚫어지게 본다. 물론 이 면의 기사들도 중요하다. 하지만 신문에서 소위 "뜬다"라고 제시하는 것들은 이미 모두가 알고 있는 정보이며 한물 간 정보라 할 수 있다. 그렇다면 시장을 예측하고 흐름을 주시하기 위해 무엇을 보아야 할까? 2부에서 자세히 설명하겠지만 사실 주식시장의 비밀은 '무역수지'와 '소비자지수' 들에 있다. 지금까지 수없이 신문을 보면서 이런 부분에 초점을 맞춘 적이 있었는가? 거의 대부분 늘 보던 면만 한번 훑어보고 나서 신문을 접었을 것이다. 분명히 말하지만 우리나라의 주식시장은 산업구조상 몇 가지 핵심적인 지표에 의해 움직이고 있다. 이에 대해서는 뒤에서 자세히 설명하겠다.

다시 말해 같은 신문을 보더라도 나름의 수익을 올리는 사람들은 실질적인 정보를 캐낼 줄 안다. 그리고 그들은 당장의 수익을 따지고 주가의 상승과 하락에 전전긍긍하기보다는, 주가의 오르내림에 대한 나름의 판단을 바탕으로 과감히 손 털고 나오거나 그냥 둔 채로 조금 더 시장 상황을 살핀다. 일반투자자들에게 필요한 기술과 눈이 바로 이런 것이다.

필자의 집필 의도 중 하나는 일반투자자들이 최소한 기관이나 메이저들의 밥이 되는 신세만큼은 면하게 해주자는 것이다. 이를 위해 각 시장의 흐름을 살피고 소신 있게 투자할 수 있는 가장 기초적인 수단을 제시하고 있는 것이다. 어차피 지금은 재테크를 하지 않고는 풍족하게, 아니 중간 정도로도 살 수 없는 세상이다. 그렇다면 최대한 현명하고 안정적으로 투자하는 게 가장 큰 목표라고 할 수 있지 않을까.

정리하자면, 투자시장은 돈을 벌 수 있는 곳에 돈이 몰리게 마련이다. 돈이 몰리면 수요와 공급의 원칙에 따라 수요가 크게 늘어나고 공급이 상대적으로 부족해져 시장이 과열양상을 빚게 된다. 한편 공급자 측면에서는 돈이 되기 때문에 공급을 크게 늘려나가기 시작하고 이것이 어느 순간에 공급초과로 돌변하면서 시장의 급격한 하락이 진행되는 것이다. 그리고 마지막으로 투자자들은 가격이 쌀 때 멀리 내다보고 진입해야 하는데, 당장의 결과와 마음 편한 투자에 중점을 두면서 모두가 함께 참여할 때 높은 가격에 투자하는 우를 범하고, 아울러 해당 시장이 급락하면 결국 큰 손실을 보고 나오는 우를 지속적으로 반복하는 것이다.

투자를 통해 돈을 벌고자 한다면 돈의 흐름을 정확히 간파해야 한다. 그래서 대개의 경우 투자는 외롭고, 신문에서 떠드는 것과 반대로 하면 성공한다는 말이 틀린 말은 아니라고 할 수 있다.

주식시장 읽기 주식시장의 숨은 비밀
Chapter 02

주식시장은 많은 사람들에게 매력적인 시장이다. 특히 최근 1년 간 한국 증시는 역사상 신고점을 계속 경신하며 오르고 있어 저금리 상황에서 더욱더 큰 매력을 발산하는 투자처가 되었다. 많은 사람들이 주식투자에 매력을 느끼는 이유가 뭘까?

이는 비교적 적은 투자금액으로 높은 수익을 올릴 수 있다고 생각하기 때문이다. 부동산의 경우 최소의 투자금으로 상당한 목돈이 필요하고 급전이 필요할 때 쉽게 현금화하기 어렵다. 채권의 경우 현금화는 쉬우나 단기적으로 수익률이 낮고 거래방법에 있어 일반인들이 접근하기 어렵다는 특성을 가지고 있다. 반면 주식투자는 일반인들에게 널리 알려진 주당 70만 원대의 삼성전자부터 주당 수백 원짜리의 작은 코스닥 업체들까지 무려 1,600여 개나 되어 주식을 사는 데 크게 어려워 보이지 않고, 투자금액에 따라 쉽게 투자할 수 있다는 매력이 있다.

문제는 여기서 발생을 하는데, 가장 쉬워 보이기 때문에 가장 어려운 투자시장이 주식시장이라고 할 수 있다. 일반투자자들은 이것을 간과하는 경향이 많다. 주식시장에서 가장 쉽게 돈을 버는 방법은 주식시장의 바닥을 예측해 삼성전자 등 우량주를 사두고 시장이 고점에 이를 때까지 그대로 Buy & Holding 하면 된다. 이렇게 말하면 당연한 소리 아니냐고 반문하는 사람이 많을 것이나, 대다수 사람들은 이러한 투자를 하기보다는 단기적으로 시세에 연연한 투자에 쉽게 휘말린다. 그러다 보니 주식을 투자하는 게 아니라 주식을 매매하는 데 열중하고 결국은 잦은 매매로 인해 과다한 수수료를 물게 되며 적은 이익과 잦은 손절매로 실패에 이르게 된다. 결국 정답은 주식시장의 흐름을 읽어내는 방법을 알아야 한다는 것이다. 지금부터 필자는 우리나라 주식시장을 가장 쉽고 정확하게 읽는 방법을 제시하겠다.

주식시장의 상승 시점과 하락 시점을 짚어내는 비밀

어느 시장이나 마찬가지이지만 주식시장의 고점과 저점을 정확하게 잡아내는 왕도는 없다. 만일 여러분들 주위에 주식시장의 고점과 저점을 한번에 알아낼 수 있는 비법이나 기법이 있다고 떠드는 사람이 있다면 그 사람은 사기꾼이라고 보는 게 옳다. 나는 개인적으로 주식시장보다 더 빨리 움직이는 선행지표를 찾아보려고 노력했으나 허사였다. 그러나 여러 방법을 결합하고 응용해서 시장의 저점과 고점을 남보다는 조금 더 선행적으로 찾아내는 방법을 만들 수는 있었다.

주식투자를 하는 방법은 크게 두 가지로 나뉜다. 하나는 소위 펀더멘털에 입각한 투자를 하는 기본적 분석방법이고, 다른 하나는 시세의 움직임에 따라 만들어진 차트를 가지고 접근하는 기술적 분석방법이다.

어느 것이 항상 맞고 틀리다고 감히 단언할 수는 없다. 하지만 지난 90년대 말부터 외국인이 가장 큰 매수주체로 떠올라 한국 시장에 큰 영향을 미치면서부터 우리시장은 시세를 따르는 기술적 분석보다는 펀더멘털에 입각한 기본적 분석방법이 성공하는 시장으로 바뀌었다는 게 필자의 생각이다.

문제는 여기에 있다. 개인투자자들은 1999년 이후 널리 보급되고 기능도 크게 업그레이드된 홈트레이딩 시스템(HTS) 덕분에 차트를 가지고 시세를 해석하는 데는 상당한 수준에 이르렀다. 특히, 지난 수년간 기술적 분석인 차트를 활용한 투자방법에 대한 책은 셀 수 없이 많이 나왔다. 그런데 외국인이나 기관투자자들이 자주 활용하는 기본적 분석을 익히고 활용하는 데는 아직도 걸음마 수준이다.

그럼 이러한 기본적 분석방법에 입각한 투자가 과연 어렵기만 할까? 나는 그렇지 않다고 생각한다. 왜냐하면 내가 이 책에서 소개할 몇 가지 방법은 이미 언론매체를 통해 우리가 쉽게 접하는 데이터들이기 때문이다. 그리고 앞서도 얘기했듯이 시장의 비밀은 아주 핵심적이고 단순한 곳에 있기 때문이다. 지금부터 한국 증시가 무엇에 의해 어떻게 움직이며, 어떤 지표를 바탕으로 투자해야 하는지 살펴보기로 하자.

수출과 무역수지는 한국경제의 核이다

여러분들이 투자를 할 때 반드시 명심해야 하는 것은 주식시장이건 부동산이건 채권시장이건 각각의 투자시장은 독도처럼 고립되어 독립적 변수로 움직이는 것이 아니라는 점이다. 따라서 '시장이 왜 갈까?'라고 생각할 게 아니라 투자를 하기에 앞서 어떤 변화가 우리 경제에 발생했나를 잘 살펴볼 필요가 있다.

나는 지난 2003년 2월에 한국 증시가 폭발적인 상승을 시작할 것이고, 이것이 장기적인 주식시장의 상승을 가져올 것이라고 분석 예측하면서 투자컨설팅/투자자문업을 해보겠다고 과감히 나섰다. 이는 아주 명쾌하고 쉬운 시장 논리에서 답을 찾아냈기 때문이다. 그 기초가 바로 수출과 무역수지이다.

우리나라는 과연 무엇을 해서 먹고 사는 나라일까? 내가 투자강연회나 투자세미나에서 이런 밑도 끝도 없는 질문을 던지면 여러 가지 답이 나온다. 정답을 말하자면, 우리나라는 부존자원이 부족하므로 원자재를 수입해 이를 가공한 뒤 다시 수출하여 외화를 획득하고, 이것이 기업의 수익으로 돌아와 투자와 신규 고용으로 이어지는 구조를 지니고 있다. 이는 이웃국가인 일본도 마찬가지다. 그래서 지난 7,80년대 우리나라에서는 강력한 수출 장려책을 펼쳤고, 이에 따라 우리나라는 괄목할 만한 수출 증가를 기록했으며 많은 외화를 벌어들이고 국가총생산(GDP)과 국민총소득(GNI)을 높일 수 있었다.

그렇다면 국내에 수출이 증가하고 무역수지가 흑자를 기록하면서 많은 외화가 들어온다면, 70% 이상 수출과 연관되어 있는 핵심기업인 삼성전자, 현대자동차, 포스코 등의 기업실적이 좋아지므로 주식시장은 당연히 큰 폭의 상승세를 나타내게 될 것이다. 여기까지는 누구나 동의할 것이다. 그러면 이제 이 부분에 입각해 데이터를 하나씩 살펴보기로 하자.

다음은 1989년부터 2006년 최근까지 월별 수출실적과 무역수지를 나타낸 그래프이다.

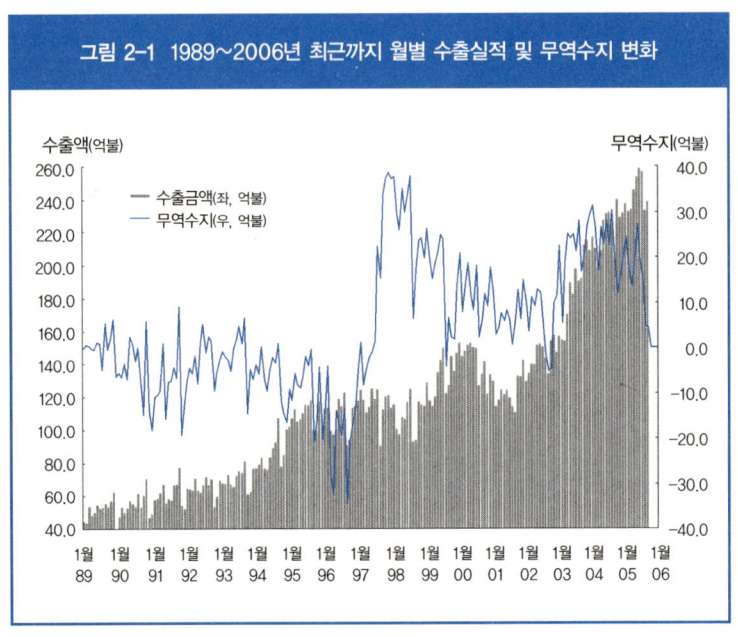

그림 2-1 1989~2006년 최근까지 월별 수출실적 및 무역수지 변화

출처: 산업자원부

일반적으로는 수출실적이 높으면 무역수지가 증가한다. 그러나 이 그림을 자세히 살펴보면 수출실적이 높다고 해서 무역수지가 반드시 흑자를 기록하는 것만은 아니라는 사실을 확인

할 수 있고, 또한 무역수지의 증감이 현저하게 나타나는 것을 눈으로 확인할 수 있다. 책을 읽는 독자들 중에서는 "그래서 이게 어쨌다는 건데? 신문에 다 나오는 내용 아냐?"라고 비아냥거릴 수 있다. 우리나라나 일본에 있어 이게 왜 중요할까? 이것이 우리 주식시장과 얼마나 밀접한 관계를 갖는지는 다음 그래프를 보면 쉽게 이해할 수 있을 것이다.

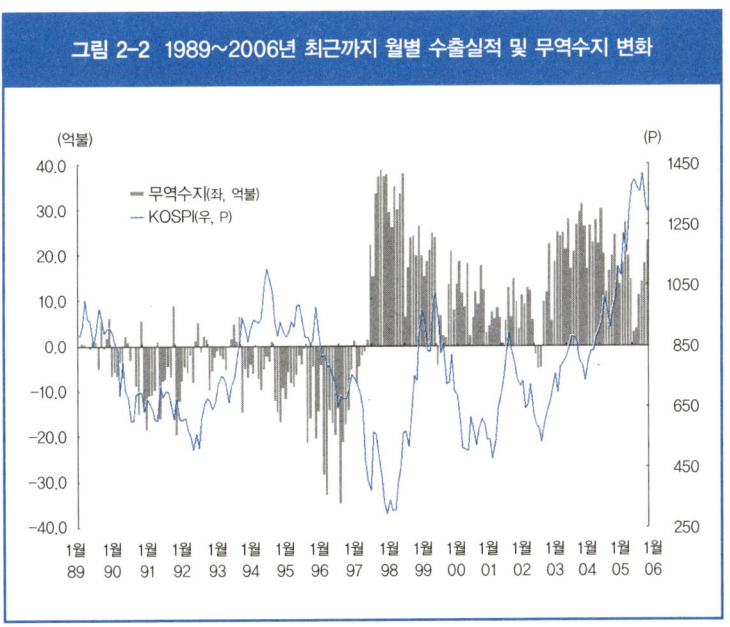

그림 2-2 1989~2006년 최근까지 월별 수출실적 및 무역수지 변화

출처: 산업자원부

이 그래프만으로는 얼핏 이해가 안 되겠지만 지금부터 내

가 설명하는 것을 하나씩 살펴보면 '아! 그렇구나' 하며 무릎을 탁 치게 될 것이다. 지금부터 우리나라 주식시장에서 가장 중요한 투자지표 하나를 완벽히 익혀보자.

이 책을 보는 독자들 중 주식투자 경력이 오래되었거나 30대 후반 이상의 세대라면, 89년 이후 주식시장이 대폭락하면서 깡통계좌만 수중에 남게 된 투자자들의 자살에 관한 기사가 연일 사회면의 톱을 장식했던 때를 어렴풋이 기억할 것이다. 86년 아시안게임과 88년 올림픽을 거치면서 당시 저환율, 저유가, 저금리의 소위 3저 호황으로 인한 국내경제의 일시적 호황국면이 지속되자 경제를 대변하는 주식시장은 건국 이래 최대의 호황을 누리며 대한민국 사상 최고치인 1,000P를 단숨에 뛰어넘었고 주식투자 광풍이 몰아쳤다. 그런데 마냥 갈 줄로만 알았던 주식시장이 89년초부터 대폭락을 시작했다.

당시 정부는 이것이 사회문제로 격화되자 급기야 3대 투신사인 기관으로 하여금 무제한 주식을 매입하게 하는 정책을 시도했지만, 결국 주가는 일시적 반등을 보인 후 또 다시 끝없이 하락하여 92년 중반에는 500P까지 추락하였다.

왜 그랬을까? 위 그래프에 바로 답이 있다. 당시 3저 호황으로 우리나라는 사상최대의 수출액을 경신하며 무역수지를 크게 늘려나갔다. 이것은 기업의 수익으로 돌아오면서 시설투자와 고용확대를 견인하며 경제활성화를 도모했다. 그러다가 3저 호황이 끝나가고 89년초부터 무역수지가 적자로 반전되면서 기업의 이익은 급감할 수밖에 없었다. 따라서 시장의 지표를 선행하는 주식시장이 하락세로 반전되었던 것이다. 앞의 그래프에서 89년 이후 무역수지의 적자전환 이후 주식시장이 92년까지 하락으로 반전되는 것을 확인해볼 수 있다.

이후 무역수지가 다시 적자를 줄여나가며 92년 이후에는 일시적 하락세를 보였지만 추세적으로 94년까지 흑자로 돌아서는 것을 볼 수 있다. 이때 주식시장은 94년말까지 다시 큰 폭의 상승세를 기록한다. 그러나 무역수지가 95년초부터 다시 적자로 반전되었고 98년초까지 끝없는 적자를 늘려나갔다. 이에 따라 주식시장은 96년초부터 98년까지 큰 폭의 하락과 장기 하락장을 겪게 된다. 그런데 98년 이후 다시 무역수지의 증가가 이어지면서 99~2000년 동안 주식시장은 이에 화답하듯 대 폭등장세를 연출하게 되고 이후 무역수지의 흑자폭이 줄어들면서 주식시장 역시 다시 하락의 과정을 보이게 된다.

2003년 2월에 나는 주요 언론사 기자들이 참석한 투자세미나에서 주식시장이 향후 우리 생애에 있어 다시는 맛보지 못할 사상 최고의 대세상승을 경험할 것이므로, 종합지수 500P는 향후 10년 이내에는 다시 보지 못할 최고의 매수 기회라고 예고

했다. 당시 우리나라 대표주식인 삼성전자는 27만 원이었는데, 중간에 일시적 하락과 횡보를 신경 쓰지 말고 장기적으로 투자한다면 앞으로 70만 원을 넘어가는 사상 최고의 투자이익을 손에 쥘 수 있을 거라고 제시했다.

하지만 2003년초 당시는 미국이 이라크 침공을 앞두고 있는 상황이라 국내외 경제가 모두 침체인 데다 한치 앞도 예측할 수 없는 시점이었다. 당연히 모두들 말도 안 되는 얘기라고 입을 모으며 필자의 의견을 무시했지만, 결과는 현재 보는 바와 같이 내 예상대로 전개되었다.

이것은 특별한 비법으로 알아 맞춘 것이 아니라 위에 제시한 그래프로 쉽게 예측한 것이다. 필자는 2003년 이후 무역수지가 급격히 증가하는 추세를 보고 이에 따라 주식시장이 장기간 폭등하리라고 예상했다. 다만 2003년 1월부터 4월까지는 이라크전으로 인해 유가가 일시적으로 급등세를 보여 수출이 크게 늘었음에도 고유가로 인한 원유 수입액 비중이 높아 무역수지가 일시적으로 외형상 적자였을 뿐이다. 나는 이 부분을 확인하고 이라크전이 조기종료될 수밖에 없는 당시 국제정세 힘의 논리와 이후 유가가 안정화되었을 때 대규모 무역수지 흑자가 연출될 수밖에 없다는 것을 재빨리 파악해냈던 것이다.

아주 쉽고 명쾌하며 단순하지 않은가. 무역수지는 우리

나라 산업자원부에서 매월 공표하고 이것은 종합신문이나 경제신문에 모두 실린다. 무척 쉽게 접할 수 있다는 말이다.

IMF는 왜 왔을까?

지금도 많은 사람들이 IMF로 인한 후유증에 시달리는 모습을 볼 수 있다. IMF 외환위기 발생 당시 우리나라를 포함한 일부 동아시아 국가들은 엄청난 경제 시련을 겪어야 했다. 우리나라의 경우 많은 사람들이 직장을 잃었고 14%대까지 치솟은 실업률을 감내해야 했다. 소위 대마불사(大馬不死)라 불리며 절대 무너질 리 없다던 국내 재벌 랭킹 10위권 대기업 중 대우와 쌍용, 기아자동차가 해체되기도 했다.

투자자들에게 있어서는 이때가 최악의 위기이자 기회의 시기였다. IMF 당시 국내 주식시장은 이전 10년 동안 소위 지지선으로 불렸던 500P가 완전히 붕괴되었으며 거기서 다시 절반 가까이 폭락해 98년 6월 16일에는 종합주가지수 사상 최저치인 277.37P를 기록하였다. 현재 70만 원을 넘나드는 초우량고가주인 삼성전자 주식은 이때 32,600원이라는 최저가를 기록하기도 했다.

반면에 금리는 20%가 넘게 폭등하여 은행의 단기 고금리

예금상품은 안정적으로 높은 투자수익률을 안겨주었다. 이러한 가운데 기존의 부자와 중산층이 몰락하고 신흥부자들이 출현했다. 이렇듯 IMF는 우리나라 국민들에게 많은 변화를 주었고, 당시 일시적 위기상황을 제대로 파악하고 활용한 외국인과 일부 투자자들은 현재 수십만 원에 이르는 초우량기업의 주식을 저가에 쓸어 담아 장기투자를 통해 엄청난 수익을 창출하고 있다.

그렇다면 IMF가 일어난 진짜 원인은 무엇일까? 당시 IMF는 외환위기로 불렸으며 그 이유는 우리나라에 외화가 부족했기 때문이다. 만일 그렇다면 IMF가 발생하리라는 예측은 누구나 매우 쉽게 할 수 있었을 거라는 결론에 도달한다. 현재 도이치 증권에서 일하고 있는 스티브 마빈이라는 애널리스트는 IMF 발생 수개월 전에 "한국에 IMF 위기가 온다"는 예측을 해 당시 크게 주목을 받았다. 그러나 사실 이러한 예측은 쉽게 할 수 있는 사안이었음을 강조하고 싶다.

다시 원점으로 돌아가서 생각해보자. IMF는 외환보유액의 절대 부족이 일으켰다고 했다. 그러면 외환보유고는 어떻게 관리되는 것일까? 앞서 설명했듯이 우리나라 일본의 경우 부존자원이 부족해 해외에서 원자재를 수입해 이를 가공한 뒤 다시 수출을 해서 외화를 벌어들인다. 이것이 다시 기업과 국가의 시설투자를 늘리고 그 과정에서 고용이 재창출되면서 개개인의 수입

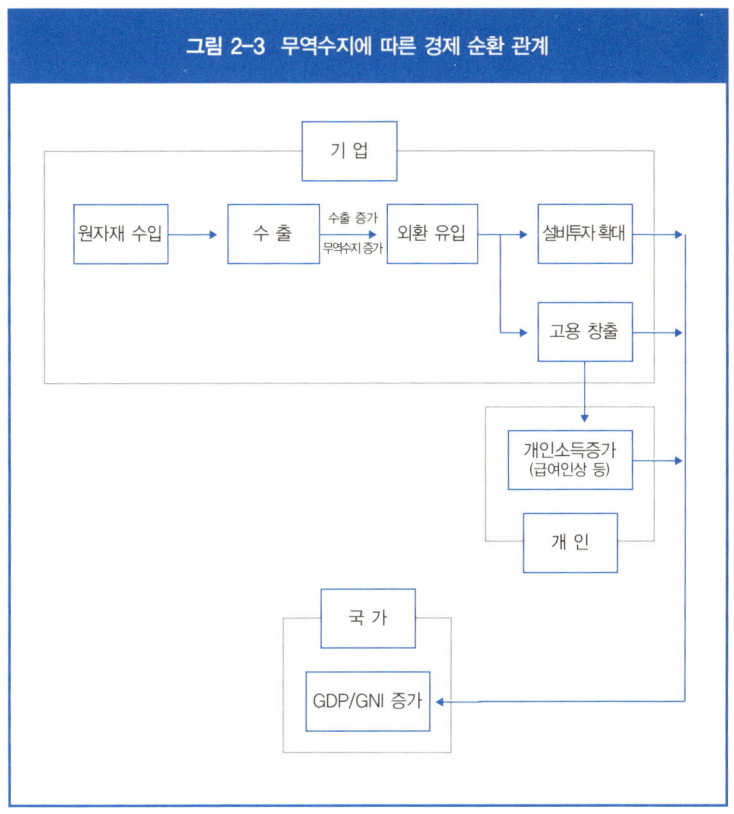

도 늘어나며 이로써 부가 축적되는 구조이다(그림〈2-3〉참조).

결국 외화가 국내에 쌓이기 위해서는 수출이 잘되고 무역수지가 흑자를 내는 구조여야 한다는 결론에 이른다. 아마 이 책을 처음부터 정독해나간 독자라면 이쯤에서 벌써 눈치를 챘을 것이다. 다음의 그래프를 자세히 보기 바란다.

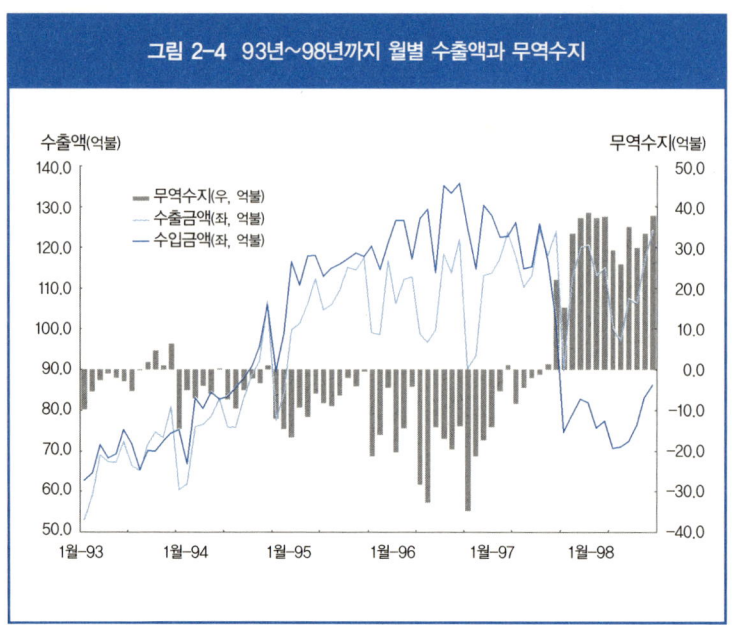

93년부터 98년은 김영삼 전 대통령의 문민정부시대였다. 그 당시 93~95년까지는 큰 폭의 무역수지 흑자를 기록하지는 못했으나 수출과 수입이 균형을 이루면서 근소한 흑자(또는 적자)를 이어갔다. 그런데 96년부터 97년까지를 그래프에서 보면 수입이 급격하게 증가하면서 무역수지 적자가 눈덩이처럼 불어나는 것을 확인할 수 있다. 게다가 당시는 정부가 세계화를 주장하면서 해외로 나가는 것을 적극 권장하던 시기였기 때문에 무역수지뿐만 아니라 관광수지까지 엄청난 적자를 기록하고 있었

다. 이에 따라 외환보유고가 급격히 줄어들었고, 곧 IMF 관리체제라는 건국 이래 최대의 국가위기를 가져올 수밖에 없었던 것이다.

자, IMF 외환위기를 예측하기가 크게 어려운 일 같은가? 언론에서 쉽게 접할 수 있는 무역수지만 눈여겨보더라도 우리는 주식시장의 바닥과 정점뿐 아니라 국가의 경제위기도 꿰뚫어 볼 수 있는 눈을 가질 수 있다. 우리나라 산업구조가 획기적으로 바뀌지 않는 한 수출과 수입 및 무역수지는 앞으로도 계속해서 중요한 투자지표로 활용될 것이다.

소비지표는 가장 후행적이다

당신이 경기호황을 체감하고 있다면 이미 주식시장은 꺾이고 있을 것이다.

주식투자를 하는 데 있어 흔히 듣는 이야기 중 하나가 주식은 사기는 쉬워도 팔기는 어렵다는 말이다. 내가 경험하고 분석한 한 바로도 이 말은 사실이다. 이는 투자시장이 90%가 잃고, 10%만이 수익을 얻는 냉정한 시장이기 때문이다. 보통 사람들은 주식이건 부동산이건 해당 시장의 상승 초기에는 무관심하고 투자하기를 굉장히 주저한다. 이는 당연한 일이다. 대체로 투자시장의 상승 초기는 폭락이나 하락을 거듭하여 투자를 시작해도 수익을 얻기 힘들어 보이고, 가격이 너무 하락한 나머지 투자에 대한 공포감이 만연해 있기 때문이다.

그러나 겨울이 지나가면 봄이 오고 커다란 산불로 황폐해진 산야도 시간이 지나면 점차 녹음이 우거진다. 마찬가지로 투자시장도 아무도 관심을 갖지 않을 때가 바로 겨울을 보내고 봄을 맞을 준비가 되어 있는 시점이다.

주식시장의 예를 살펴보자. 대부분의 사람들은 시장이 상당부분 상승이 진행된 후에야 관심을 가지고 투자에 나서는데, 이를 계절에 비유하자면 대략 초여름이 지났을 때라고 할 수 있겠다. 이는 마치 무더워질 대로 무더워지고 나서야 에어컨을 사려고 기웃거리는 격이다. 이 시점에서 투자를 시작했다고 하더라도 최소한 가을에는 해당 시장에서 발을 빼고 다가올 겨울에 대비해야 한다. 그런데 대부분의 사람들은 화려한 단풍놀이에 도취되어 하산해야 한다는 것을 잊고 지내다 갑자기 날이 저물고 한파가 불어 닥친 후에야 허겁지겁 서두른다. 이 와중에 굴러 떨어지는 사람, 길을 잃고 우왕좌왕 헤매는 사람(하락장에서 소형 개별주들의 순환시세를 쫓아다니는 경우), 그리고 해가 완전히 저물어 도저히 내려갈 용기를 내지 못하고 다음날 해가 뜨고 밝아지기만을 무턱대고 기다리는 사람들의 아비규환이 펼쳐진다.

이는 주식시장이 고점에서 하락장으로 돌변할 때 볼 수 있는 개미투자자들의 전형적인 모습이다. 그러면 주식시장의 고점에서 물리지 않고 먼저 빠져 나오는 방법은 무엇일까? 해당 시점이 되면 여러 가지 복합요인이 작용하지만, 그렇더라도 여러분들이 반드시 경계해야 하고 활용해야 하는 지표가 하나 있다.

그것이 바로 소비지표이다. 필자가 주로 활용하는 소비지표는 소비자기대지수와 평가지수이다. 여기에 더불어 필자는 유통업체의 월별 매출 동향을 함께 활용한다. 소비자기대지수와 평가지수는 통계청에서 월마다 집계하여 발표하는 것으로, 소비자기대지수는 현재 소비자들이 향후 6개월 뒤의 경기를 어떻게 보느냐를 나타내는 지표이고, 소비자평가지수는 현재의 경기에 대한 소비자들의 생각을 보여주는 지표이다. 이 지표들을 잘 이해하고 활용한다면 주식시장에서 고점을 인지하고 먼저 빠져나올 수 있다. 소비지표는 투자자들에게 안도감 내지는 불안감을 유발하는 것이며 가장 후행적인 지표이기 때문이다.

사실 우리가 주식투자를 하는 데 있어 어려움을 겪는 주된 이유는 경제가 상승하고 하락하는 과정 속에서 주식시장이 항상 경기보다 선행하여 움직이기 때문이다. 그래서 일반 주식투자자들이 쉽게 들어갈 수 있지만 나오기 어려운 시장인 것이다. 일례로 주식시장이 활황일 때는 주가가 연일 고점을 갱신하고 모든 여건이 좋아 보이며 이미 평가익이 발생한 상황이다 보니 언론에서나 대부분의 전문가들은 한결같이 장밋빛 시황판을 내놓으며 일반투자자들을 유혹하게 마련이다.

다음의 그래프를 보면서 주식시장과 연계해 소비지표를 중요한 투자지표로 활용할 수 있는 방법을 알아보기로 하자.

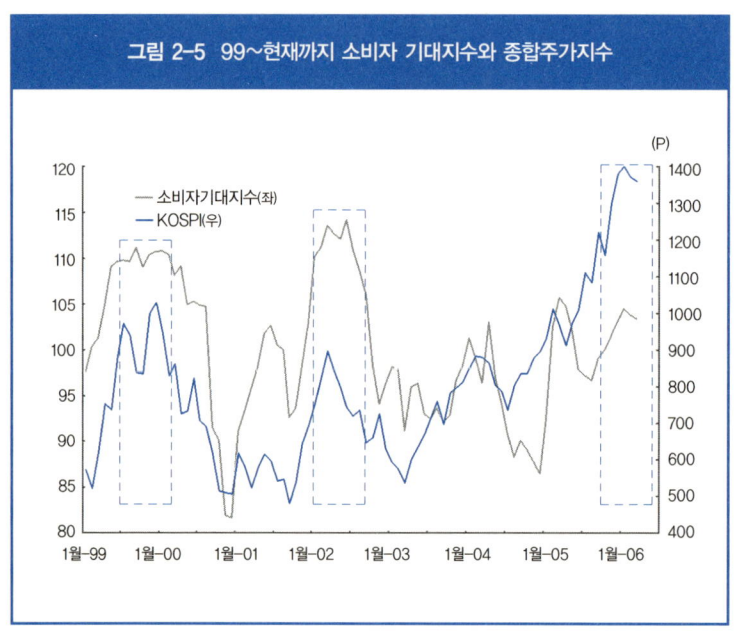

출처: 통계청, 증권선물거래소

얼핏 보더라도 우리는 이 그래프에서 두 가지 특징을 찾아낼 수 있다. 첫째, 소비자기대지수와 주가지수가 굉장히 밀접해 보인다는 점과 둘째, 과거와 달리 지금은 주식시장의 급상승이 이어져도 소비자들이 느끼는 기대치가 크게 늘지 않고 있다는 점이다.

그러면 이 지표를 어떻게 주식시장의 비밀을 푸는 데 활용할 수 있을까? 그래프를 좀더 자세히 보면서 소비자기대지수의 고점 위치와 주식시장의 고점 위치를 먼저 체크해보자. 2000년 1월경에 소비자기대지수의 고점이 나타나는 데 비해, 주식시장의 고점은 이보다 빠른 99년 12월에 나타나고 있다. 또한 2002년에는 소비자기대지수의 고점이 6월에 나타난 데 비해, 주식시장은 이보다 빠른 3월에 최고치를 기록하고 있다. 최근에는 아직 고점이 명확히 나타나지 않았지만 중간의 작은 고점과 저점을 보면, 분명 주식시장이 소비자지수보다 선행하고 있음을 알 수 있다.

이제 반대로 저점 위치를 체크해보면 저점 역시 주식시장의 저점이 소비자기대지수의 저점보다 더 1~3개월 정도 선행하여 빠르게 움직이고 있음을 알 수 있다. 이것이 의미하는 것을 제대로 짚어내는 게 투자자들에게는 굉장히 중요하다. 일반인들이 향후 경기가 더 좋을 것이라고 느끼며 소비를 지속해서 늘려갈 시점에 주식시장이 하락하고 있다면 이미 경기는 고점을 지났음을 보여주는 것이다.

흔히 경기의 선순환 과정을 주식시장에서 인용하는데, 이는 다음과 같다. 경제가 좋아지면 기업들의 수익이 늘어나고 기업이 고용한 대다수 국민들은 기업의 이익증가와 더불어 급여, 상여가 늘어난다. 이는 다시 활발한 소비로 이어지면서 경제가 더욱 활성화되며 다시 기업의 이익이 늘어난다. 여기서 기업들은 회사의 공개(IPO)나 이미 공개된 경우라면 경기 활황에 적극 대응하고자 유상증자를 통해 더 많은 자본을 조달하고 대규모 시설투자에 나선다. 또한 경제가 성장하고 기업의 수익이 증가함에 따라 주가도 점차 높아지고 여기에 투자한 사람들의 자산평가액이 급속히 증가하면서 소비의 활성화와 투자 활성화를 동시에 도모하게 되는 것이 바로 경기의 선순환 과정이며, 자본주의이 가장 바람직한 형태라고 볼 수 있다.

여기서 우리가 생각해보아야 하는 것은, 경기가 이보다 더 좋을 수 없고 앞으로도 더 좋아질 것 같은데 왜 주식시장이 꺾이냐는 점이다. 앞서도 설명했듯이 주식시장은 수많은 사람들이 참여해 앞으로의 전망과 기대를 보고 투자를 하는 시장이다. 따라서 그 어느 시장보다 단기적인 변동성과 불확실성이 크다. 예를 들어 현재의 경기상황을 감안해볼 때 모 기업의 실적이 앞으로 2개월 후 현재보다 좋아질 것이라고 예측하면서 해당 주식을 매수했는데, 2개월 뒤 결과를 보니 예상치보다 나빠졌다면 투자자들은 실망을 하고 투자관망세로 돌아서면서 바로 매물이 나오게 된다.

소비자기대지수라는 것은 앞서도 설명했듯이 향후 6개월 뒤의 경기에 대한 기대치인데, 소비자들은 아무래도 현재의 경기 상태를 체감하고 미래를 내다보기 마련이므로, 현재 거의 모든 소비자들이 경기가 좋아지리라고 생각한다면 이미 경기는 고점을 통과한 상태라는 말이고, 이는 주식시장에 먼저 반영되어 시장이 하락세로 돌아서게 한다.

반대로 경기가 침체되어 있을 경우 주식시장은 앞으로 더 좋아진다는 기대로 인해 상승을 시도해도 일반인들은 이미 악화된 자산상황이나 동결된 급여로 인해 소비를 쉽게 늘릴 수 없고, 따라서 향후 전망도 부정적인 견해를 보일 수밖에 없다. 이것이 소비자기대지수로 나타나게 된다.

따라서 경기가 더 좋아지리라는 느낌이 들고 언론에서 소비자 체감경기가 날로 좋아진다고 대서특필하는 시점이라면, 미련 없이 보유주식을 처분하고 시장을 떠나는 게 좋다.

그런데 내가 이렇게 강조하고 설명을 해도 막상 시장의 고점에서 충고를 새겨듣는 사람은 거의 없다. 주식시장의 경우 직각 삼각자와 같은 사이클을 반복하기 때문이다. 다음 그림을 보면 이 말이 의미하는 것을 쉽게 이해할 수 있을 것이다.

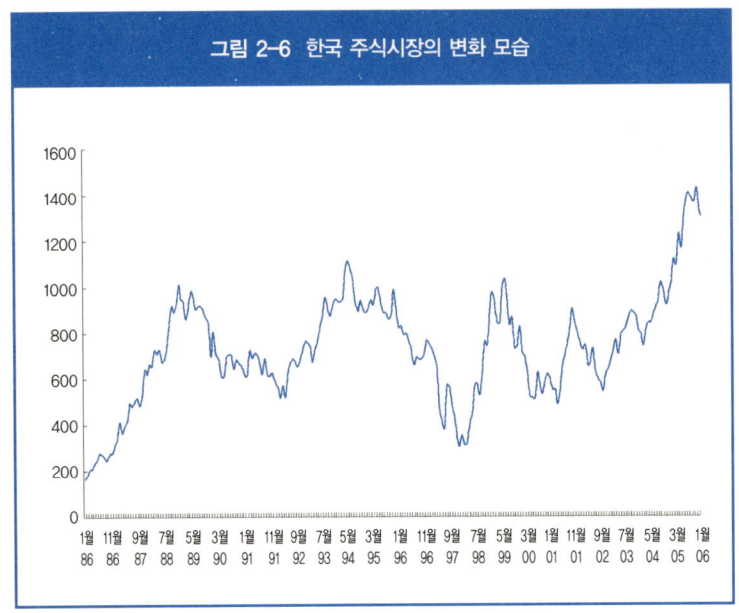

출처: 증권선물거래소

　　　그림에서 알 수 있듯이 주식시장은 상승시기에는 천천히 그리고 완만하게 올라가지만 하락시기에는 가파르고 빠르게 떨어진다. 지속시기도 당연히 상승기보다 하락기가 더 짧다. 투자에서 가장 무서운 것은 일종의 매너리즘에 빠지는 것이다. 매너리즘에 빠지게 되면 장기 상승장을 경험한 투자자들이 지속적이고 짧은 조정기간을 거쳐 꾸준히 올라가는 것을 당연시 여기는 분위기가 팽배해지고 시장의 정점에서 나타나는 경기침체의 진짜 시그널과 악재를 간과하게 되기 일쑤다. 따라서 주식을 사기는 쉽지만 파는 것은 정말 어렵고, 정점에서 갖고 있는 주식을 모두 용기 있게 처분하고 외로이 나올 수 있는 사람이 극소수인 것이다.

경기선행지수는 투자 나침반이다

이제 주식시장의 상승과 하락의 사이클과 거의 같이 움직이는 지표를 살펴보자. 주식시장을 바라보면서 일부 사람들은 소위 작전이니, 세력이니 거론하면서 일부 특정주체들이 인위적으로 만들어가는 시장이라고들 한다. 그리고 주가는 귀신도 모른다고들 하면서 오로지 로또복권의 요행수만 바라며 무리한 직접투자를 반복한다. 그러나 그 결과는 항상 개인투자자들에게 비참함을 안겨주었다.

도대체 무엇이 잘못된 것일까? 필자가 실패한 투자에서 성공한 투자로 전환해가는 과정에서 얻은 결론은 주식시장을 바라보고 투자하는 데는 객관적인 투자기준과 원칙이 명확히 서 있어야 한다는 것이다. 즉 주식시장을 조금 전에 말한 것처럼 음모론적인 시각으로만 접근하지는 말아야 한다는 의미이다. 그런 식의 아무 근거 없는 음모론적인 시각은 우리나라 주식시장이 선진국들보다 역사가 짧고 시장이 작기 때문에 나오게 되었던 것이다. 그러나 지금은 거래소/코스닥에서 거래되는 종목만 합쳐도 1,600여 개에 이르며 지난 수년간 주가의 상승으로 시장 자체도 커져서 외국인 투자자들에게마저 굉장히 매력적인 시장이라는 평가를 받고 있다.

주식이라는 것은 한나라의 경제와 각종 정치적 변수, 그리고 기업의 실적이 어우러져 주가로 표현되고 한 장의 종이 위에 나타나는 숫자이다. 즉 굉장히 많은 변화와 내재가치가 어우러져 나타나는 것이기 때문에 주가는 얼마나 객관적인 기준으로 판단하는가가 매우 중요하다.

많은 투자자들이 경제지표나 기업실적의 상승세가 둔화되고 있음에도 불구하고 주가상승에만 현혹되어 매도 시점을 놓치는 일이 잦다. 지표나 실적이 이런 상황이라면 당연히 보유주식을 매도하고 다가올 하락장에 대비해야 하는 데 말이다.

반대로 주가가 지속해서 하락하고 과매도 상태에 들어가면 주가가 하락하는 데에만 신경을 써서 경제지표가 살아나고 있는 것이나 기업의 실적이 좋아지는 것을 놓쳐 매수 시점을 흘려보내는 경우도 많다. 이런 식으로 일반투자자들은 대개 당장 눈에 보이는 현상(주가)만을 중시하고 판단하는 오류를 범하곤 한다.

늘 강조하지만 주식시장이 투자하기 까다로운 이유는 현

재가 아닌 미래의 성장과 가치에 의해 선행적으로 움직이기 때문이다. 즉 현재 상황이 좋아 본격적으로 투자를 하려고 나서면 그게 꼭지가 되고, 반대로 시장이 너무 나쁠 때에는 투자적기라는 주변의 강조에도 불구하고 쉽게 투자에 나서지 못하게 되는 것이다.

그런데 다행히도, 우리 주변에는 주식시장의 상승과 하락을 비교적 정확히 가늠해볼 수 있는 아주 좋은 지표가 있다. 한 달에 한 번 정도 경제신문을 통해 소위 경기선행지수가 어떻다는 기사를 본 적이 있을 것이다. 만일 아직까지도 하나 정도의 경제신문을 구독하지 않거나 보지 않는 사람이 있다면, 투자의 기본자세가 되어 있지 않은 것이다. 투자를 마음먹었다면 최소한 경제신문 하나쯤은 구독하기로 하자.

경기선행지수라는 것이 무엇일까? 이는 향후 경기가 어떻게 될 것인가를 가장 선행적인 지표들로 구성하여 종합적인 수치로 나타낸 데이터이다. 참고로 현재의 경기 상태를 나타내는 것은 경기동행지수이다. 당연한 말이지만 주식투자에 있어서는 현재 경기보다 선행하는 수준을 나타내는 수치가 훨씬 더 중요하다.

그럼 이 경기선행지수가 어떻게 주식시장과 밀접한 관계가 있을까? 주식시장은 현재가 아닌 미래를 보고 움직이기 때문

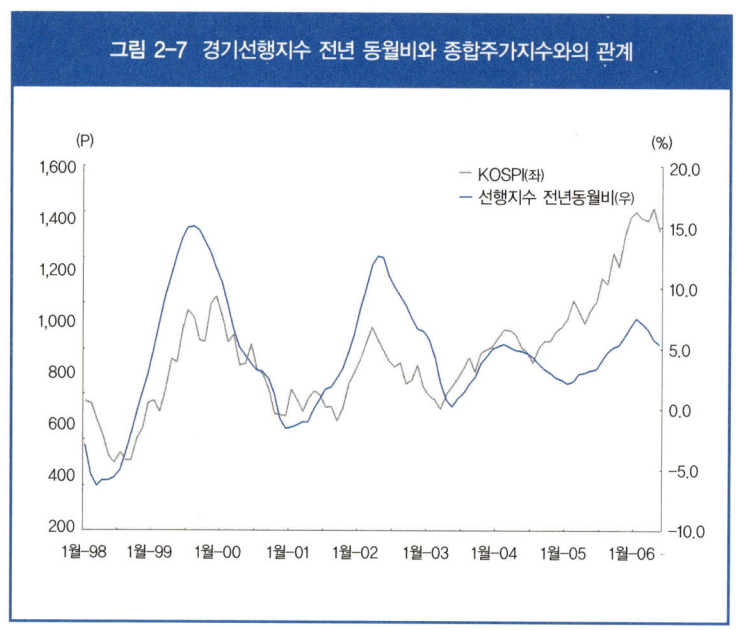

출처: 통계청, 증권선물거래소

에 경기선행지수처럼 미래의 경기수준을 예측하는 지표의 증감률이 주식시장과 매우 밀접한 관계가 있을 거라는 가정은 어렵지 않게 세울 수 있을 것이다. 이러한 가정을 바탕으로 지난 3년간 경기선행지수의 전년동월대비 증감률과 종합주가지수와의 민감도를 분석해보면 그림〈2-7〉과 같다.

 그림을 보면 경기선행지수 전년동월비와 종합주가지수가 거의 같은 방향으로 상승과 하락을 나타내고 있다는 것을 쉽게 알 수 있다. 즉 증감률이 고점을 찍고 하락으로 돌아설 때 종합주가지수는 이것보다 약 1~2개월 정도 먼저 선행하여 하락을 하고 있다. 반대로 주식시장이 바닥에서 상승 국면으로 전환되는 시점에는 주가가 경기선행지수의 상승전환의 변곡점보다 조금 더 빠르게 상승하는 것을 눈으로 쉽게 확인할 수 있을 것이다.

물론 이런 내용을 보면서 이런 것들은 기관이나 외국인들의 리포트에 자주 나오는 것이 아니냐고 반문하는 사람들이 있을지 모르겠으나, 대다수 사람들은 그 리포트가 주장하는 상승이나 하락의 결과에만 집중하지 어떤 논리적 근거로 그런 결론

경기선행지수? 경기예측에 쓰이는 '선행지수'로써 경기종합지수의 하나이다. 경기종합지수에는 선행지수와 현재의 경기상황을 파악할 수 있는 '동행지수', 경기동향을 확인하는 데 이용되는 '후행지수'가 있다. 이것들은 현재 경기상태를 판단하거나 앞으로 경기가 어떻게 될지에 대해 예측하기 위한 대표적인 지표들로서, 각종 경제지표들의 전월 내지는 전년 같은 기간대비 증감률을 합성해 작성된다.
이중 경기선행지수는 보통 6~7개월 후의 경기를 알려준다. 우리나라에서는 통계청이 81년 3월부터 매월 조사하고 있으며, 매월말 '월별 산업활동동향'이라는 자료를 통해 공식적으로 발표한다. 미국의 경우 대표적인 민간 경제예측 기관인 컨퍼런스 보드가 매월 경기선행지수를 발표하고 있는데, 이는 기준연도인 지난 96년을 100으로 삼아 향후 3~6개월 뒤의 경제동향을 가늠할 수 있도록 해주는 지표역할을 한다.

을 낼 수 있는가에 대해서는 상당히 등한시하고 있다. 이렇듯 일반투자자들에게서 가장 흔히 발견되는 오류 중 하나는 한 달에 한 번 정도 신문에서 쉽게 얻을 수 있는 중요한 정보조차도 챙기지 않고 무심코 흘려보낸다는 것이다.

필자는 2000년도부터 1986년까지 역으로 경제신문의 증권면을 모두 복사해 읽으면서 시장차트에 대입시켜보고 눈으로 확인해나가면서 주식시장을 분석해보았다. 그 과정에서 얻은 중요한 결론은 주식투자에 있어 중요한 것은 무엇을 사고팔아야 하는가가 아니라 시장의 흐름이 어디서 어디로 가고 있는지를 정확히 알아야 한다는 것이다. 재미있게도 우리 모두가 희망하는 금융자산가들의 투자법과 일치하는 방법이기도 하다.

시장의 흐름을 읽는다는 것은 어찌 보면 가장 어려울 수도 있다. 하지만 지금까지 필자가 제시했던 수치나 지표들을 적절히 이동한다면 그리 어렵지 않게 시장을 들여다볼 수 있을 것이다.

업종과 종목 판단하기

사실 현실적으로 주식투자에 있어 가장 어려운 점은 무슨 종목을 사야할지 결정하는 일일 것이다. 시중의 돈이 주식시장으로 몰려드는 것도 알겠고, 어떤 업종에 투자해야 하는지도 알 겠는데, 그 업종 중에서 특정 종목을 골라내기가 정말이지 쉽지 않다. 이는 마치 부동산투자에서 수많은 아파트 중 강남구의 무슨 아파트를 사야 하는지 판단하는 것 정도로 힘겨운 결정이다.

필자 역시 시장과 업종을 제대로 선택했으면서도 그 업종 중에서 기업의 내재가치와 성장성을 분석해 선택한 종목의 수익률이 다른 종목을 골랐을 때보다 상대적으로 낮은 경우를 종종 경험했다. 일례로 2003년 3월에 비즈니스를 시작하면서 필자는 당시 가장 유망해 보이는 종목으로 삼성전자, 대우조선, 현재모비스를 택했다. 지금 돌이켜볼 때 이들 모두 엄청나게 상승하기는 했다. 하지만 조선업종의 호황은 정확히 예측했지만 대우조선보다는 당시 선박수리에서 선박제조회사로 탈바꿈을 시도한 현대미포조선을 선택했다면 수익률은 훨씬 더 높았을 것이다.

필자는 대우조선에 투자해서 6개월간 60%의 수익률을 거뒀다. 하지만 그림을 보면 같은 기간 동안 현대미포조선에 투자해 얻을 수 있는 수익률이 훨씬 더 높다는 것을 알 수 있다.

이 부분에서 많은 사람들이 주식투자를 하면서 범하는 심각한 오류 중 하나는 최고의 수익률을 얻을 수 있는 종목만 찾으려고 애를 쓴다는 것이다. 사실 6개월간 수익률 60%도 결코 낮지 않은 수치이며, 연간 수익률로 따지면 120%에 이르는 수치인

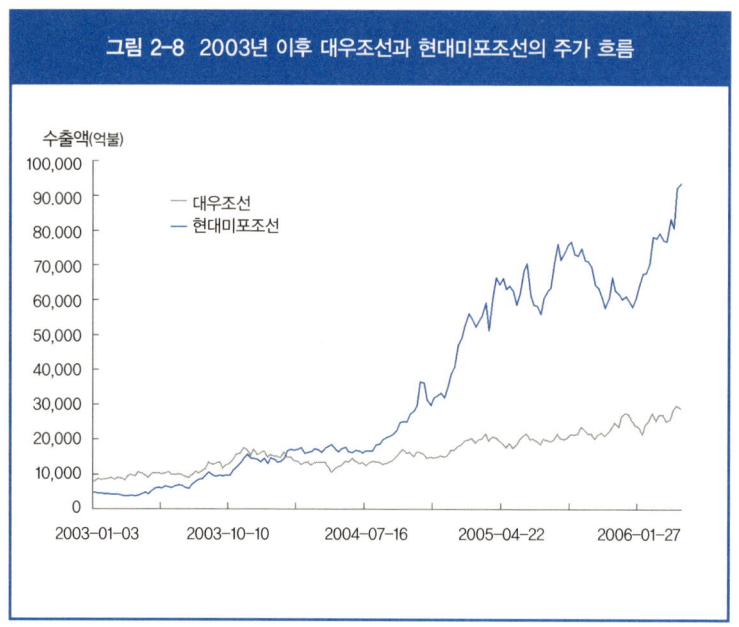

출처: 증권선물거래소

데도 불구하고 일반투자자들은 이것을 중요하게 생각하지 않고 오로지 상대적인 비교 수익률만 가지고 자신의 자산을 평가하려 든다. 그러다 보니 투자를 서두르게 되고 무리한 수익률을 추구하며 매매를 반복하기 때문에 결국 장기간 수익률을 따져보면 부동산 등 실물자산에 투자한 사람보다 낮은 경우가 다반사인 것이다.

차트는 타이밍과 추세흐름 정도만
참고하는 선에서 활용하라

주식시장을 분석하고 투자하는 데 있어 우리나라 사람들은 90년대말까지는 정보와 감에 의한 투자를, 90년대말부터 최근까지는 컴퓨터와 인터넷 같은 정보통신의 발달에 힘입어 차트라는 기술적 분석에만 의존해왔다. 문제는 이 차트 분석이 상당히 후행적이라는 것이다. 앞서도 설명했지만 주식시장은 향후 경제와 기업의 실적을 보고 움직이는 것인데, 소위 차트라는 것은 이미 그려진 다음에는 해석할 수 있지만, '어떻게 될 것이다'라고 자신 있게 말해주지는 못한다.

물론 내 경우도 주식투자를 처음 할 당시에는 관련 서적도 별로 없는 데다가, 있다고 해도 기술적인 차트 분석 위주로 설명한 것이 대부분이어서 기술적 분석을 신봉하며 시장에 접근했었다. 그리고 이를 통해 2001~2002년에는 상당히 좋은 수익을 거뒀다. 다행히도 내가 개발한 기술적 분석은 정말이지 매수가격과 매도가격의 경우 거의 100원의 오차도 없이 정확히 들어맞았다. 그러나 그런 기술적 분석만으로는 2002년 4월의 고점을 예측할 수 없었고, 그 후 나는 스스로에 대한 질책과 반성의 시간을 거쳐 주식시장의 선행성을 파악해내기 위한 소위 예측지표의 연구에 몰두하였다.

기본으로 돌아가자는 말이 있다. 이것은 투자시장에서도 적용되는 논리인 것 같다. 나 역시 결국 기본으로 돌아간 곳에서 그러한 예측지표를 찾아낼 수 있었다. 앞서 소개한 몇 가지 지표 활용법은 기술적 분석으로는 절대로 도출할 수 없다. 오로지 시장의 내면적인 분석을 통해서만 끌어낼 수 있는 분석의 툴인 것이다. 사실 투자에 있어 중요한 것은 오늘 시가가 결정된 후 종가가 이보다 높을지 낮을지 예측할 수 있어야 한다는 점인데, 차트로는 아무리 들여다보아도 절대로 그것을 예측해낼 수 없다. 이것이 바로 차트의 맹점이다.

또한 어떻게든 종가를 예측해내기 위해 하루 종일 시세판을 들여다보고 분봉과 분별거래까지 모두 확인하며 판단을 하기란 사실상 불가능하다. 그리고 설사 그렇게 한다고 해도 결국 시장 전체의 흐름에 따라 자신이 보유하고 있는 종목이 일순간에 크게 밀리기도 하거니와, 해당 기업에 대한 기관투자자의 분석 리포트나 개별 공시재료에 의해 순간적으로 움직이는 수치를 매번 예측하고 잡아낸다는 것 자체가 투자가 아닌 매매로만 접근하는 셈인 것이다.

따라서 일반사람들이 가장 편하게 그리고 가장 확실하게 투자수익을 얻는 방법은 시장의 흐름을 기본적 툴을 바탕으로 정확히 읽고 해석하여 매매가 아닌 투자로 접근하는 것이다. 그런 훈련을 통해 개별 종목이 아닌 주식, 부동산, 채권 등 시장에 투자하는 능력을 키워야 한다.

실제로 적용해보자!

사실 개인적으로 수많은 투자세미나나 강연회를 통해 이런 부분을 무척 강조하고 설명하고 있지만 쉽게 수긍하지 못하는 사람들이 매우 많다. 그래서 2003년도에 내게 투자조언과 정보를 받는 회원들이 실제로 경험했던 사례를 들어 '시장을 보는 투자'의 중요성을 좀더 강조해보겠다. 여기서 제시되는 질문에 여러분 각자 어떤 결론을 내릴 것인지 스스로 답해보고, 결과가 어떻게 나오는지 눈으로 직접 확인해보기 바란다.

다음은 시장의 흐름과 펀더멘털의 변화에 입각하여 강력 매수를 제시했던 회사의 주가 흐름이다.

내가 매수를 강력히 제시했던 위치는 A였다. 그 뒤 주가는 예상대로 5월초까지 잠깐의 조정을 보였다 순항을 하였으나 이후 횡보를 하다 급격히 밀리는 모습을 보였다. 여러분이라면 B위치에서 어떤 투자판단을 내리겠는가?

기술적 분석 위주로 투자를 하는 사람들은 아마도 거의 동일한 대답을 할 것이다. 일단 주가가 횡보하는 상황이고, 게다

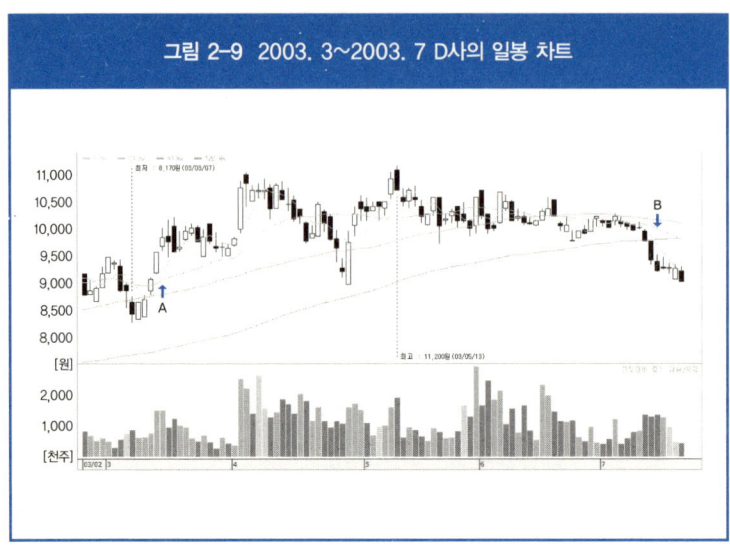

가 지지선으로 볼 수 있는 소위 20일, 60일 이동평균선이 붕괴되었으며, 장기 추세선이라고 볼 수 있는 120일선조차도 이탈했으니 무조건 매도해야 하는 시점이라는 논리를 펴며 손절매를 단행하는 경우가 대부분일 것이다. 또한 2003년 5월 13일에 11,200원의 장중 고점을 형성한 이후 주가가 밀리면서 횡보를 하는 동안 거래가 계속해서 많아지고 있는데, 주가가 각 지지선을 붕괴시키고 있는 상황이므로 이 거래량의 증가는 매도 물량이 늘었기 때문이라고 단정 지을 것이다.

하지만 그 이후 주가의 흐름은 다음 그림과 같다.

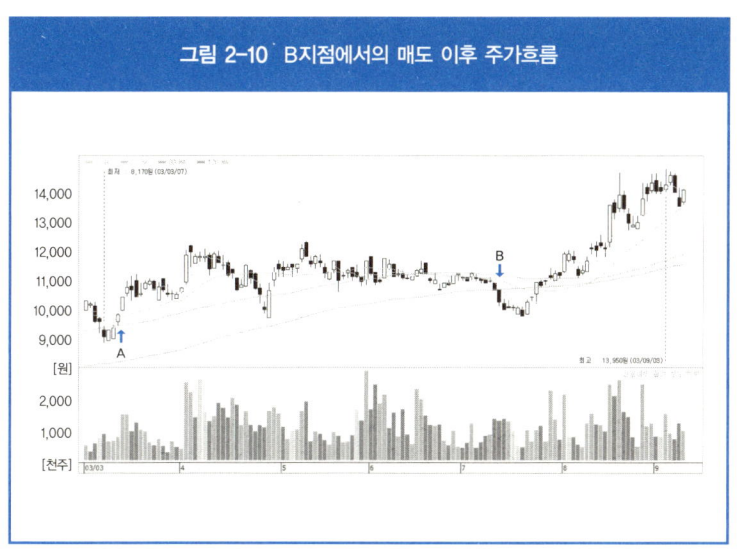

그림 2-10 B지점에서의 매도 이후 주가흐름

　　　B시점 이후 단지 2~3일 정도 추가로 하락한 뒤, 주가는 바로 급등세를 연출하며 수직 상승하였다. 하지만 기술적 분석으로는 주가가 상승세로 돌아서기 전에 매수를 해야 하는 근거가 도출되지 않는다. 이 그림을 보면 흔히 절대 바닥이라고 신봉하는 이중바닥이나 삼중바닥 패턴도 아니요, 그렇다고 단기 바닥에서 대량거래를 수반하고 급등하리라는 신호를 주고 있지도 않다. 또한 앞의 3~7월 거래량을 뛰어넘는 대량거래를 수반하며 주가가 올라가서 결국 추세상승이 이어질 수 있다는 메시지를 주고 있지도 않다. 아마도 이 주식을 다시 매수하려는 사람들은 일단 모든 이동평균선이 정배열로 전환되고 소위 전고점을

돌파하는 8월초가 되어서야 매수를 했을 것이다.

결국 A지점에서 매수해서 보유하는 것이 가장 큰 수익을 내는 것이고, B지점에서 매도 했다면 무려 10% 이상 높은 가격으로밖에 재매수할 방법이 없으므로 다시 사겠다는 결정을 내리기도 힘겹다.

그렇다면 외국인들은 당시 어떤 판단을 내리고 있었을까? 다음의 그래프가 그 답을 알려줄 것이다.

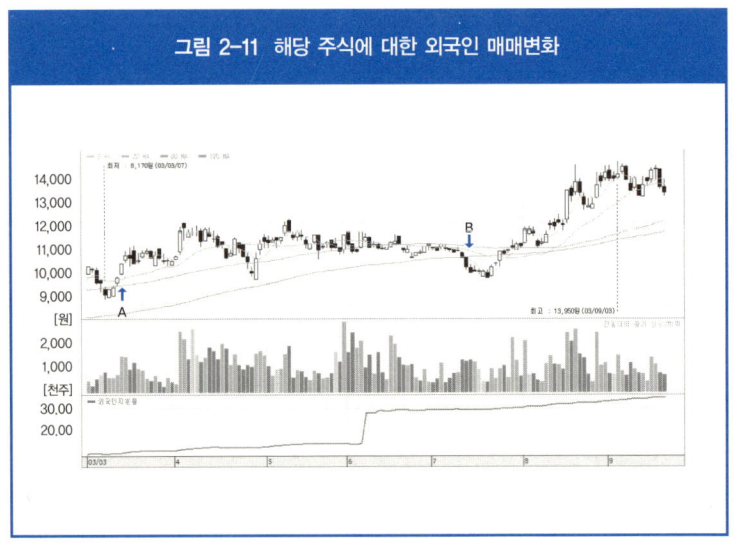
그림 2-11 해당 주식에 대한 외국인 매매변화

외국인들의 경우 그림에서 보다시피 주가의 기술적 흐름과는 전혀 관계없이 6월 중순에 대량의 매수세를 가동시키며 이후 꾸준하게 사들이고 있는 모습을 볼 수 있다. 이에 대해 기술적 분석을 신봉하는 사람들은 외국인이 매수주체였고 그들이 팔지 않았기 때문에 주가가 저렇게 갈 수 있는 거라고 떠들 것이다. 하지만 당시 상황을 보면 외국인들도 어떤 날에는 해당 주식을 순매수한 적도 있고, 또 다른 날은 순매도를 하기도 했다.

내 경우 A지점에서 경제지표의 향후 호전(수출 증가추세와 무역수지의 대폭 흑자)과 해당 주식의 업종 호황의 전개를 바탕으로 해당 기업이 갖는 내재가치를 분석했고, 당시의 펀더멘털을 하회하는 가격은 9,000원 이하로, 매도하는 목표주가는 16,000원 초반으로 설정하였다. 이 주식이 바로 앞서 예를 들었던 대우조선이었다.

당시 종선업종과 대우조선을 좋은 투자대상으로 삼은 이유를 묻는다면, 대답은 무척 단순하다. 당시 월별 수출입동향의 세부내용을 분석해보니 수출이 계속 늘어나는 상황이었다. 그러므로 무역수지가 흑자 전환되면 GDP 성장률이 크게 상승하게 될 터였다. 그리고 이러한 수출입의 활황은 물품을 운반하는 선박의 수요를 크게 늘릴 것이었다. 이에 따라 조선업종이 활황세가 될 수밖에 없는 구조라고 생각했던 것이다. 결국 앞서 설명한 지표들 내지는 수치들을 바탕으로 도출한 결론이다.

장기간 꾸준하게 성공적인 주식투자를 하고자 한다면,

이제는 정보에 주로 의존하고 기술적 차트에 매달려 하루하루의 시세에 연연하지 말자. 정확한 경제지표의 흐름을 활용하여 이를 호황업종과 연결시켜 내재가치가 좋은 주식에 투자한다면 결국 좋은 결과를 얻을 수 있을 것이다.

지금까지 우리나라 주식시장이 어떤 비밀을 지니고 있는지, 그 비밀을 활용하면 어떤 예측과 결과를 얻어낼 수 있는지에 관해 살펴보았다. 여기서 제시한 것 외에도 좀더 많은 지표들이 숨어 있지만, 이 책에서 말한 정보와 지표만으로도 일반투자자들에게는 충분할 것이다. 일반투자자들에게 있어 가장 중요한 것은 주식시장에 진입해야 할 때와 빠져나와야 할 때를 정확히 파악하는 것이기 때문이다.

주식시장을 읽어보자

각 투자시장들의 향후 전망에 관해서는 3부에서 좀더 자세히 설명할 것이다. 그에 앞서 현재의 자료를 바탕으로 약 3년간 우리 주식시장이 어떻게 움직일지에 관해 개략적으로 한번 살펴보기로 하자.

필자는 2003년 2월말 몇몇 언론사 증권부 기자들이 참석한 세미나에서 주식시장이 급증하는 수출과 이로 인한 무역수지의 폭발적 증가로 인해 역사상 신고가를 수없이 갱신하는 전무후무한 초강세장세가 도래할 것임을 이야기하였다.

또한 한 달 동안 200P의 급락세를 보였던 2004년의 대폭락장을 불과 1달여 앞둔 3월말, 필자는 환율과 유가급등으로 인해 외국인의 매도공세가 4월에 집중되면서 약 2조 5천억 정도의 매도물량이 쏟아지며 국내증시가 폭락할 거라는 말도 전했다. 한달 후 정확히 4월말부터 외국인들은 약 2조 6천여억 원어치의 주식을 한국 주식시장에 쉼 없이 팔아치우며 시장을 급락시켰다.

당시는 모든 사람들이 주가 1,000P가 넘는 것을 기정사실화하고 있었다. 필자는 이 당시 정확한 예측으로 연합뉴스를 시발로 각종 경제지 및 방송의 집중 조명을 받았다. 당시 전반적으로 주가에 대한 낙관론을 펼치고 있던 터였기에 필자의 예측과 적중은 세인들의 이목을 집중시키기에 충분했다.

또한 필자는 2004년 8월 이후 다시 재개될 시장랠리에 주목하라는 말도 덧붙였다. 그러다가 이런 강세론을 2006년초에 다시 약세론으로 바꾸어 제시하면서 2006년 한해는 보수적 주식투자를 할 것을 권했다. 2006년도에는 경제회복에 반드시 뒤따르는 물가상승 압력이 미국을 시발로 전 세계적인 인플레이션

우려를 자극할 것이고, 이를 방지하기 위해 미국의 연준위는 금리를 최소 5.75%까지 공격적으로 인상해나갈 것이라 것을 예고했다. 이것은 빠르면 4월중 전 세계 증시의 동반폭락을 가져올 것이며, 따라서 남들이 추가상승을 외칠 때 조용히 매도하고 시장을 나와서 관망할 필요가 있다고 주장했다.

결국 약간의 시차가 발생했지만 내 예상대로 인플레이션에 대한 우려로 인해 금리의 지속적 인상 가능성이 높아지면서 미국 시장을 필두로 전 세계 증시의 동반폭락세가 이어졌다. 이런 상황을 정확히 예견한 것 역시 필자가 거의 유일했고 이를 계기로 〈머니투데이〉에서는 향후 시장전망에 대한 인터뷰를 요청하기도 했다.

물론 이러한 분석과 예측은 지금까지 소개한 자료만으로는 도출되지 않는다. 내 경우 한국 시장은 물론이거니와 미국 시장 및 일본 시장의 주요 경제지표와 데이터를 모두 챙기고 있고, 심지어 국제원자재 및 곡류시장의 주요 데이터까지 관리하고 있기에 가능했다. 그러나 굳이 이런 모든 자료를 가지고 시장을 예측하려 할 필요는 없다. 필자가 제시한 자료만으로도 여러분들은 시장 하락을 충분히 예측할 수 있다.

이게 무슨 똥딴지같은 소리냐고 반문하겠지만, 앞서 제시한 경기선행지수와 소비자기대지수만을 놓고 보면, 경기선행지수는 지난 2월을 정점으로 하강하기 시작하고 있는데, 이에 맞춰 주식시장도 상승세를 멈추고 있다. 또한 소비자 기대지수도 연속적으로 하락하면서 주식시장 침체와 맞물려가고 있다. 그리고 최근 원화강세에 따른 수출증가가 둔화되면서 반대로 고유가와 달러가치 하락으로 소비재 수입이 크게 늘어나고 있다. 드물게 보이던 유명 외제차들을 지금은 쉽게 볼 수 있지 않은가.

현재 주식시장이 충분한 조정을 받았다고 생각할 수 있을까? 책에 있는 내용대로라면 주식시장의 조정은 추가적으로 이어질 것이다. 즉 지금의 내 분석대로라면 주식시장은 앞으로도 수개월간 하락조정이 이어질 것이다. 경기의 순환사이클상 경기선행지수의 경우 빨라야 내년 1월말에 돌아설 것으로 분석되기 때문이다. 결국 시장에서 재료에 의한 기술적인 반등국면은 나타날 수 있겠지만 본격적인 상승세로 나아가기에는 아직은 무리라는 판단이다.

나는 시장의 하루등락에는 크게 신경을 쓰지 않는다. 다만 시장의 주요 지표의 변화에는 민감하게 반응하며 그것이 어떻게 진행될 것이고 어느 정도 수치로 나타날 것인가에 대해서만 관심을 쏟는다. 그러다 보니 시장을 크게 보고 과감한 투자결정을 내릴 수도 있고, 소위 장기가치투자가 가능한 것이다.

내가 분석한 지표가 부정적으로 돌아선다고 해도 나는 시장이 조금 더 상승하는 것에 연연하지 않고 과감한 투자비중 축소를 빠르게 진행해나간다. 이 점이 내가 일반투자자보다 시장에 빠르게 진입하고 과감하게 빠져나와 리스크를 줄이는 방법이다. 이것이 내가 주식투자를 하는 비법이라면 비법일 수 있겠다.

일반투자자들이 투자에서 고통을 겪는 이유는 시장이 고점에 이른 것을 전혀 모르고 단지 눈에 보이는 상승과 하락에 급급하여 결국 시장의 정점에서 빠져나오지 못해서일 것이다. 주식시장의 흐름을 읽는 눈을 지금이라도 키워놓지 않는다면 앞으로도 최소 1~2번의 큰 하락을 경험하게 될 것이고, 이것이 여러분들의 소중한 투자자산을 모두 빼앗아버릴 것이다.

대개의 주식투자자들이 기본적인 투자방법을 무시한 채 테크니컬한 방법을 통해 오로지 시세차익만을 얻으려고 무던히 애를 쓰는 것을 종종 보았는데, 그렇게 접근해서는 얻은 수익도 오래가지 못할 뿐더러 그 방법을 활용할 수 있는 기간도 매우 짧다. 그래서 많은 이들이 시장이 변해가는 속도를 따라잡지 못하겠다고 아우성친다. 하지만 그들을 잘 살펴보면 처음부터 접근 방법이 잘못되어 있다.

앞으로도 주식시장의 상승세는 이어질 것이나, 지금이라

도 투자방법을 바꾸지 않는다면 여러 번 후회를 하게 될 것이라고 나는 감히 자신할 수 있다.

다음 장에서는 부동산시장이 지니고 있는 비밀은 어떤 것이 있으며, 이를 이용해 시장에 진입할 시점과 투자를 회수해야 할 시점을 알아내는 것에 대해 설명해나가도록 하겠다.

부동산시장 읽기 부동산시장의 숨은 비밀

Chapter 03

필자는 주변 사람들에게 재테크를 할 때 특히 관심을 갖는 투자 대상이 무엇인지 물어보곤 한다. 이에 대한 답변 중 상당수가 '부동산'이었다. 사실 지난 5년간 재테크 시장의 관심사는 바로 부동산이었다. 이것은 어찌 보면 당연한 일이라고 생각할 수 있다. 사람들은 살아가는 데 있어 가장 기본적인 의식주(衣食住)에 대해 본능적으로 가장 민감하고 경제적 형편이 좋아지면 바로 의식주의 개선에 치중하기 때문이다.

예를 들어 월급이 늘거나 주식투자 등으로 투자수익이 생기면, 거의 대부분의 사람들은 일단 외식 횟수를 늘리고 새로운 옷을 장만하며 좀더 살기 좋은 환경이나 좀더 큰 평수의 집으로 옮겨가곤 한다. 이는 우리나라 사람들에게만 국한되지 않는 현상으로 전 세계 사람들에게서 거의 공통적으로 찾아볼 수 있다.

문제는 부동산시장에서 어떻게 하면 시장의 흐름을 정확히 읽어내고 시장 속에 숨어 있는 비밀을 찾아내, 좋은 집을 싸게 장만하고 장기적으로 훌륭한 투자수단으로 가져갈 수 있느냐는 점이다. 감히 단언하건데 이번 장에서 여러분들은 부동산시장이 어떻게 움직이고 향후 어떻게 되리라는 것까지 예측할 수 있게 될 것이다.

이렇게 운을 뗀 것에 속으로 비웃는 사람들도 있겠지만, 지난 3년간 내가 투자세미나에서 부동산 투자에 대한 방법과 시장을 읽는 요령에 대해 설명했을 때 결국 마지막에는 항상 박수와 갈채를 받을 수 있었다.

그럼 부동산시장을 어떻게 읽고 투자를 해야 할까? 지금부터 수십 년 동안 소위 부동산 고수들만이 알고 있던 비밀의 문을 열고 들어가보기로 하자.

부동산시장의 비밀은 수요와 공급에 있다

부동산시장의 상승과 하강을 정확히 알아내기란 매우 어려운 일이다. 그러나 조금만 신경을 쓰고 시장의 내면을 정확히 들여다보면 현재가 시장의 바닥인지 아니면 고점인지를 상당부분 파악해낼 수 있다.

자본주의 사회의 경제체제에 있어 가장 중요한 시장의 변화는 수요와 공급의 변화에서 비롯된다. 간단히 말해 수요와 공급이 서로 균형을 이루면 가격의 급락이나 급등은 발생하지 않는다. 하지만 수요가 크게 급증하거나 공급이 크게 줄어들면 가격이 급등하고, 반대로 수요가 크게 줄거나 공급이 크게 늘면 가격이 폭락한다.

이는 너무나 당연한 경제원리지만 이 기초적인 명제를 바탕으로 투자시장에 접근해 조금만 응용하면 아주 쉽게 투자시장의 비밀을 찾아낼 수 있다는 것을 곧 알게 될 것이다.

부동산시장에서 수요와 공급의 원칙은 그 어느 시장보다도 중요하다고 할 수 있다. 부동산시장은 일반적인 다른 투자시장이나 상품시장과 달리 수요와 공급이 굉장히 비탄력적이고 대체재나 보완재가 없는 시장이라는 특징을 가지고 있기 때문이다.

부동산시장의 가격 결정 원리

일반적인 시장에서 수요와 공급은 다음 그림과 같은 보편타당한 특성을 지닌다.

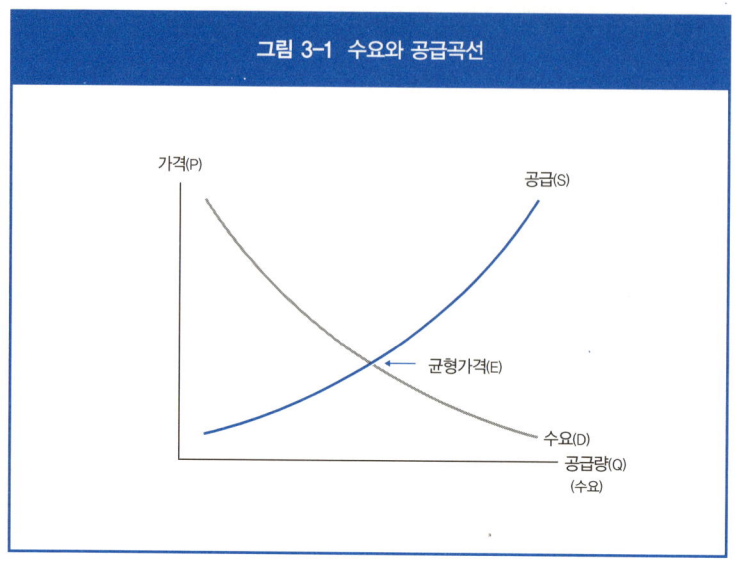

　일반적인 시장에서는 수요가 크게 늘어 가격이 상승하면 공급자 측면에서 그 기회를 적극 활용하고자 곧바로 공급을 증가시킨다. 또한 필요한 재화가 있을 시 공급이 크게 늘어나면 이에 따라 수요도 꾸준하게 증가하는 구조를 지닌다. 즉 수요와 공급은 어느 때고 적시에 맞물리면서 돌아가는 것이다. 이것을 수요와 공급이 탄력적인 시장이라고 부른다.

　일반적으로는 수요법칙(Law of demand)의 경우 어떤 상품에 대한 수요의 양을 결정하는 데 있어 수많은 경제적 변수들이 존재하나 그 중에서 가장 중요한 역할을 하는 것은 해당 재화의 가격이다. 즉 다른 경제적 변수나 요건들이 일정하다고 가정할 때 가격이 높아지면 수요가 감소하고, 가격이 낮아지면 수요가 증가한다. 따라서 가격과 수요는 반비례 관계에 있다.

다음 그래프는 수요곡선을 설명하고 있는데, 가격과 수요량의 관계는 반비례하므로 좌상향에서 우하향하는 그래프의 모습이 그려진다.

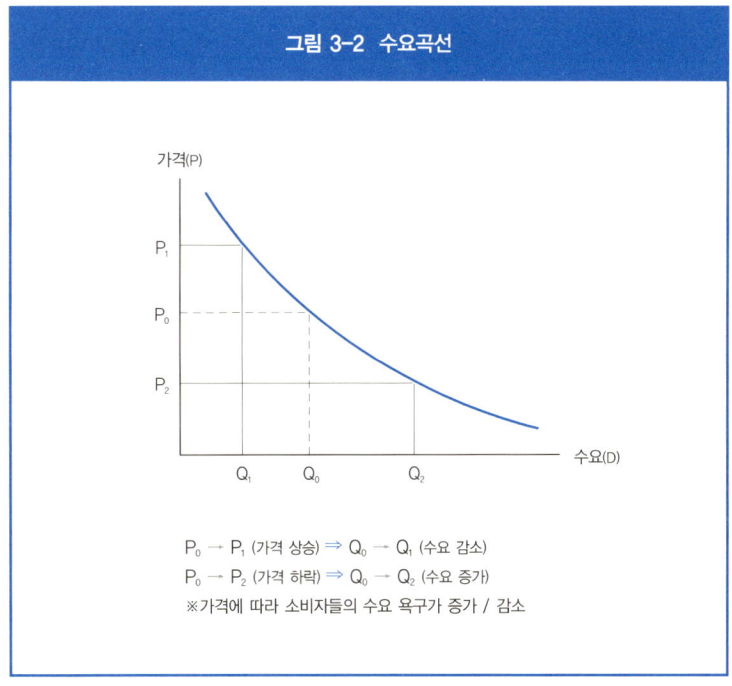

그런데 지난 수년간 부동산 가격은 계속해서 높아져왔

고, 특히 강남의 특정 아파트는 평당 5,000만 원에 육박한다고 한다. 그런데도 강남 아파트의 수요는 줄어들기는커녕 오히려 못 사서 안달이다. 참으로 이상한 일이라는 생각이 들 테지만, 차차 설명하는 것을 잘 읽어보면 그 이유가 충분히 납득될 것이다.

다음으로 공급법칙(law of supply)을 알아두어야 하는데, 일반적으로 어떤 재화에 대한 공급량을 결정하는 데 여러 경제 변수들이 작용하고 있지만 공급자들은 주로 가격을 보면서 의사

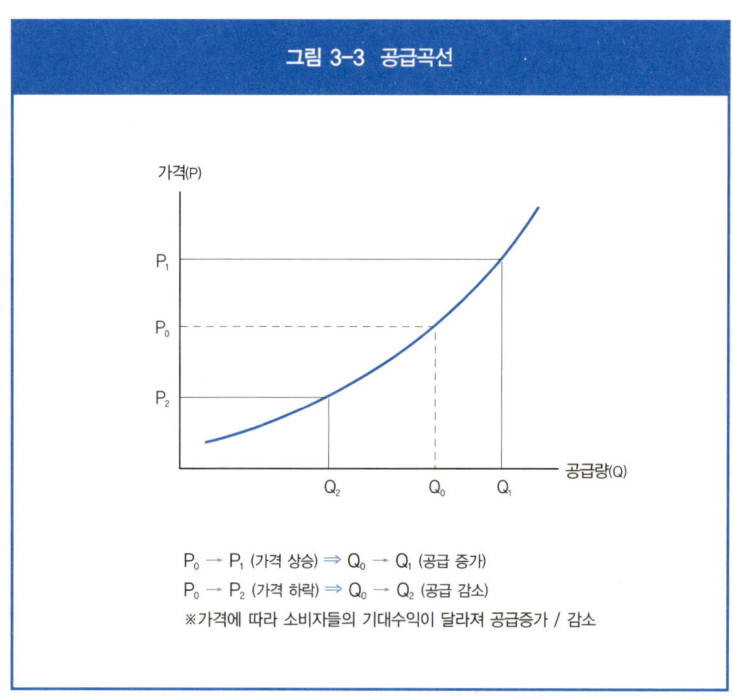

그림 3-3 공급곡선

$P_0 \rightarrow P_1$ (가격 상승) ⇒ $Q_0 \rightarrow Q_1$ (공급 증가)
$P_0 \rightarrow P_2$ (가격 하락) ⇒ $Q_0 \rightarrow Q_2$ (공급 감소)
※가격에 따라 소비자들의 기대수익이 달라져 공급증가 / 감소

결정을 하게 된다. 즉 가격이 높아지면 해당 재화를 더 팔기 위해 공급량은 지속적으로 증가하고, 반대로 가격이 낮아지면 공급량은 감소하게 된다. 그래서 공급곡선은 수요곡선과 반대로 가격과 공급이 비례하는 우상향하는 곡선을 만들게 된다.

이렇게 뻔한 얘기를 강조하는 이유는, 부동산에서 가격이 결정되는 비밀을 제대로 알아야만 부동산시장이 한눈에 들어오기 때문이다. 부동산시장에서는 이 일반적인 수요/공급의 법칙이 즉각 통하지 않는다. 부동산시장에서는 이 법칙을 조금 변형시켜 적용해야 한다는 말이다. 이 때문에 일반 사람들이 부동산시장을 상식선에서 이해하기 힘든 것이다. 그러니 조금 지루한 감이 있더라도 부동산시장을 완전히 파악하기 위해서 반드시 이 부분을 확실히 소화해둬야 한다.

그럼 이제 부동산시장을 일반적 재화시장과 같다고 보고 가격결정이 어떻게 이뤄지는지 한번 살펴보기로 하자. 이해를 쉽게 하기 위해 최근 수년간 부동산시장이 상승한 것을 예로 들어 설명해보겠다.

99~2000년 벤처 닷컴 열풍으로 인해 주식시장에 광풍이 한차례 지나간 후 2001년 봄부터 부동산시장이 꿈틀거리며 전세시장부터 가격이 크게 상승하기 시작했다. 이런 전세가격의 상승은 곧바로 매매가격의 상승으로 이어졌다. 이것을 수요/공

급 곡선을 이용해 설명하면 다음과 같다.

1번 그림은 2000년 당시의 부동산시장의 가격이 형성되어 있는 상태를 도식으로 나타낸 것이다. 2000년의 수급에서 강남의 20평형대 아파트가 1억원이었다고 가정을 하면 균형가격은 해당지점인 A에서 자연스럽게 결정되었을 것이다.

2번 그림은 2001년 부동산 가격의 상승이 완만하면서도 빠르게 진행되는 것을 보여준다. 그림에서 균형가격은 2000년 1억원에서 1억 5천만 원으로 약 50% 상승을 보이고 있으며, 이때 공급곡선은 전혀 움직이지 않고 수요곡선만 D_0에서 D_1으로 빠르게 이동하면서 균형가격이 만들어지는 것을 볼 수 있다.

3번 그림은 2002년 부동산 가격이 본격적으로 폭등하면서 수요곡선이 2001년 D_1에서 D_2로 더욱 빠르게 이동하는데, 이때 공급곡선이 아주 미약하게나마 S_0에서 S_1으로 옮겨가긴 하지만 수요의 급증이 더욱 빠르게 일어나 균형가격이 2001년보다 더 오른 2억 5천만 원에서 결정되는 것을 볼 수 있다.

4번 그림은 2003년 부동산 급등으로 인해 정부의 공격적인 대응정책과 더불어 그간의 부동산 가격 급등과 수요 폭발로 인해 수요곡선의 이동보다는 공급곡선의 변화가 크게 일어나면서 2002년 S_1에서 S_2로 움직이고 2003년 하반기부터 가격 상승의 일시적 둔화가 나타나는 상황을 설명하고 있다.

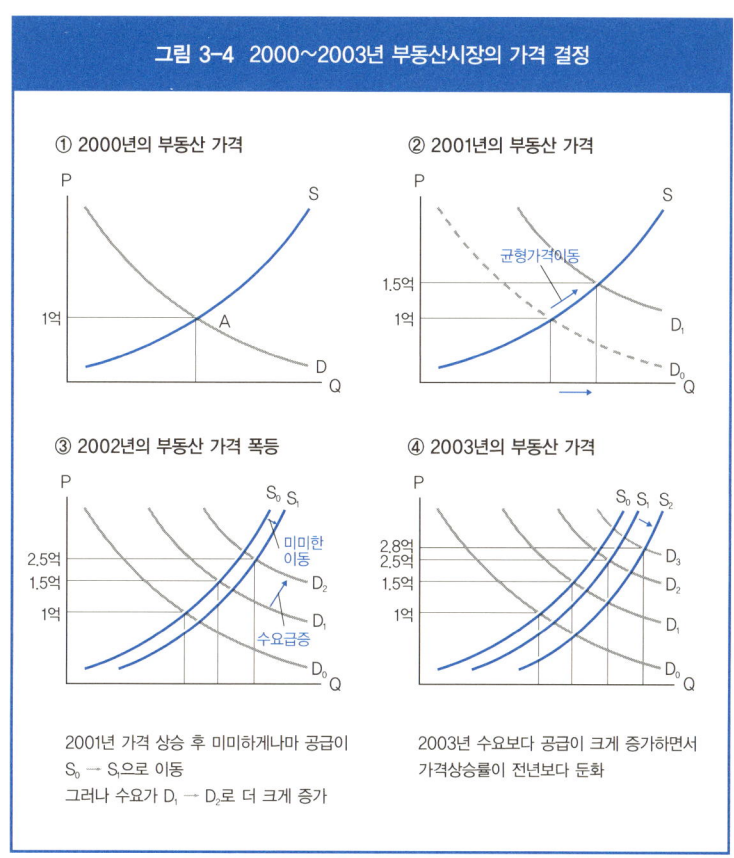

출처: BIBR In Labs

위 그림에서 시장의 균형가격은 수요와 공급곡선이 만나는 곳에서 결정된다. 이렇게만 된다면 시장은 크게 문제가 없어 보인다. 그런데 사실 이것은 가격이 결정되는 원리를 설명하기 위해 일반적인 수요/공급의 법칙에 부동산시장을 적용해본 것일 뿐이다. 수요/공급의 이러한 원리를 따르는 것이 시장의 가장 이상적인 가격 결정 방식이지만, 부동산시장은 굉장히 예외적인 특징이 존재한다. 부동산시장은 일반 재화시장과 달리 공급이 굉장히 비탄력적이다. 즉 수요가 순간적으로 크게 증가할 때 이에 대응해 공급이 즉시 늘어난다면 좋은데, 부동산이라는 것은(특히 주택이나 아파트 및 상가) 즉각적인 공급이 불가능하다.

예를 들어 학군배정으로 인해 강남구의 주택 수요가 일시적으로 크게 늘었다고 하자. 이 경우 해당 지역에 곧바로 공급이 이루어진다면 주택 가격의 급등이나 투기가 발생하지 않을 것이다. 하지만 공급을 늘리기 위해서는 택지매입→보상→설계→분양→건축→입주의 과정을 거쳐야 하기 때문에 최소 2~3년간은 수요에 즉각적으로 대응할 수 없다. 반대로 공급이 어느 순간에 크게 늘어날 경우 이에 따라 수요도 꾸준히 늘어주어야 하는데, 알다시피 대부분의 사람들은 거주 공간을 그리 쉽게 옮기지 않을 뿐더러 사업 등의 특정 목적이 있지 않고서는 무리를 해서까지 여유 부동산을 사들이지는 않는다. 따라서 공급이 일정 수준을 넘어설 경우 수요가 바로 따라주지 않으므로 가격이 폭락하게 된다. 이를 좀더 간단히 말하자면 부동산시장의 수요/공급 법칙에는 시차(Time lag)가 존재한다. 그렇기 때문에 일정시간이 지나야 가격이 안정되는 효과가 나타나는 것이다.

대체로 부동산의 가격이 상승하기 시작하는 경우 투기적인 상승세일 거라며 팔짱끼고 있다가 결국 희망하는 부동산의 구입 시기를 놓치거나 투자시점을 흘려보내곤 한다. 하지만 이미 특정 지역이나 전반적인 부동산의 가격이 급격히 상승하고 있다면 해당 지역이나 전반적인 부동산시장의 수급이 타이트하여 공급이 부족하거나 수요가 급하게 늘고 있는지를 체크해봐야 한다.

또한 부동산시장은 대체재가 없다는 것이 주식이나 채권시장과 전혀 다른 특징이다. 대체재란 해당 상품과 경쟁관계에 있는 것으로 수요자로 하여금 특정 상품을 구입하고자 하는 욕구를 돌려놓을 수 있는 경쟁상품을 의미한다.

예를 들어 자녀가 중학교 진학을 앞두고 있다고 하자. 중학교 배정을 위해 알아보니 양천구, 그것도 목동의 특정 단지 근처에 있는 몇몇 중학교가 소위 명문대에 잘 보내기로 소문난 특목고 진학률이 매우 높다고 한다. 이 경우 부모는 기왕이면 양천구로 이사 가고자 할 것이고, 그 중에서도 목동 또는 그 중학교의 학군배정을 얻어낼 수 있는 일부 단지 내의 아파트로 옮겨가려 들 것이다. 즉 반강제적인 선택을 하게 되는 셈이다.

그런데 해당 지역의 아파트로 이사하기 위해 중개업소를

통해 알아보니 매물이 거의 없고, 있더라도 현실적으로 터무니없이 높은 가격대의 물건만 존재한다고 할 때, 이 사람이 대체재로 찾을 수 있는 것은 없다. 아파트가 아닌, 예를 들어 일반 사무실이나 조그만 상가라도 얻을 수 있다면 문제가 없겠는데, 거주를 위한 것이니 이것이 대체재가 될 수는 없는 것이다. 일반 상품에서는 LCD TV가 비싸다면 그보다 가격이 좀더 낮은 PDP TV를 구입하거나 아니면 프로젝션 TV를 손쉽게 택할 수 있지만 부동산시장은 자신이 원하는 지역과 교통, 교육여건을 고려했을 때 대체재를 쉽게 구할 수 없다. 주식시장이라면 반도체 업황이 좋다는 판단으로 삼성전자를 사려다가도 가격이 너무 높아 살 수 없을 경우에는 하이닉스 등을 매수할 수 있지만 부동산시장에서는 이것이 거의 불가능하다.

부동산시장에 투자하려고 마음먹었다면 최소한 그 시장의 가격이 일반적인 수요/공급의 원칙에 입각해 결정되는 게 아니라는 사실을 반드시 명심해두어야 한다. 이 사실만 일단 머릿속에 단단히 새겨둔다면 가격 급등 시 무조건 투기적으로 상승했으리라고 추측하다 낭패를 보는 일만큼은 방지할 수 있을 것이다. 이를 부동산시장에서 거미집 이론이라 부르기도 한다.

거미집처럼 부동산시장도 수요와 공급이 그때그때 이뤄질 수 없기 때문에 주식시장과는 달리 일단 가격 급등행진이 이

거미집 이론? 시장의 균형 가격 결정은 가격의 변화에 대해 수요와 공급이 시장의 요구에 의해 자율적으로 즉각 반응한다는 가정에서 전개되지만, 실제 경제상황에서는 이러한 가정을 100% 적용할 수 없는 경우가 다반사이다. 특히 수요는 수요자의 여건에 따라 가격변동에 즉시 반응이 가능하나 공급은 가격에 즉시 반응하기 어려운 경우가 있다. 제조, 생산에서 최종 공급까지 짧게는 수일에서 길게는 수년까지 걸리는 경우가 많기 때문이다.

우리가 종종 접할 수 있는 것이 농작물에서 볼 수 있는데, 파종부터 최종 수확까지는 일단 진행이 되면 다음 연도에 가서야 다시 공급을 재개할 수 있다. 그런데, 만일 수요예측이 잘못 되거나 이상기후로 작황이 나빠지면 대체재를 쉽게 조달하지 못해 시장에서 가격 폭등을 불러일으키게 된다.

즉, 거미가 집을 짓기 위해 장시간에 걸쳐 실을 뽑고, 그 거미집을 통해 곤충 등을 잡아 먹잇감으로 삼으나, 이것을 누군가 인위적으로 파괴한다면 그것을 새로 짓고 다시 먹잇감을 구하는 데까지는 상당한 시간과 고통이 따른다. 이 거미집 이론은 수요와 공급이 즉각적으로 대응하면서 균형가격을 형성할 수 없는 비탄력적인 시장에서 적용되는 데 그 대표적 시장이 바로 부동산시장이다.

어지면 정부가 어떤 정책을 내놓더라도 이를 쉽게 진정시키기 어렵다. 이 과정을 조금 더 자세히 설명하면 다음과 같이 말할 수 있다. 수요/공급이 비탄력적인 특정 시장에서 수요가 증가하는 경우 공급은 늘어난 수요에 탄력적으로 대응해 증가하지 못한다. 이 경우 단기적으로 가격이 상승하는 수준을 넘어서 폭등으로 치닫는 현상이 나타난다. 가격이 폭등하면 공급자가 생각하는 기대이윤은 크게 증가하므로 공급자는 거의 무제한으로 보이는 이윤을 추구하기 위해 공급량을 크게 늘여가게 되고 이는 상당히 일정기간에 걸쳐 진행된다. 그래서 일정기간 후 증가된 공급량이 시장에 풀리게 되는데, 이때 가격 폭등을 경험한 수요자들은 과수요를 불러일으켜 더 이상 수요가 증가하지 않는다. 그러면 반대로 공급의 이상초과 현상이 발생하고 이후 해당 시장은 폭락하게 되며 상당기간 끊임없이 추락하게 되는 것이다.

여기까지 설명한 것을 이해했다면, 이제부터는 이러한 시장 메커니즘을 바탕으로 부동산시장을 더욱 정교하게 이해하고 더 나아가 앞으로 어떤 상황이 전개될지도 충분히 예측해낼 수 있다.

부동산 파동의 진원지 "서울"

1945년 광복 이후 대한민국 정부가 수립된 뒤 지금까지 부동산은 총 5번의 큰 대세상승 파동을 겪었다. 1973~1974년 동부이촌동의 한강맨숀 아파트를 중심으로 한 동부이촌동의 1차 파동, 그리고 1977~1979년초까지 이어진 여의도 아파트를 중심으로 한 여의도 2차파동, 1982년 서울 올림픽 개최 결정 후 1982~1984년까지 이어진 잠실과 개포동 지역의 3차 파동, 그리고 역사상 가장 크고 긴 파동으로 인정되고 있는 1989부터 시작해서 1992년까지 이어진 압구정동 현대/한양아파트를 중심으로 한 4차 파동, 마지막 5차 파동은 2001년 대치동/도곡동으로부터 출발하여 현재에 이르고 있는 파동이다.

이중 가장 과열양상을 보였고, 가격상승률도 가장 컸던 것은 4차 압구정동 파동이었는데, 이것은 당시 1986~1989년초까지 이어진 3저호황과 강남 8학군 학교들이 서울대 입학률을 전국 1위부터 5위권까지 대거 휩쓸면서, 경기호황으로 주머니가 두둑해진 일반인들의 주택 업그레이드 욕구(당시 새로 짓는 신축아파트는 모두 강남에 집중되고 있었다)와 학군수요가 어우러져 만들어낸 상황이라는 점에서 지금과 가장 비슷하다는 평가를 받는다.

문제는 공교롭게도 전국의 부동산 파동을 이끌었던 장본인이 서울이라는 점이다. 우선은 왜 그럴까 먼저 생각해볼 필요가 있다. 전국에서 왜 하필 서울일까? 이것은 앞서 수요공급에 따른 부동산 가격 결정 논리를 잘 이해했다면 충분히 답할 수 있다. 서울은 전국에서 몰려드는 사람들로 인해 과거나 지금이나 인산인해를 이루고 있다. 또한 서울에 주요 대학들이 밀집되어 있으며 정부기관뿐 아니라 각종 대기업 본사와 공기업 본사들도 거의 집중되어 있다. 즉 부동산 수요가 끊이질 않는 곳인 셈이다. 반면에 서울의 광역화가 많이 이뤄졌지만 시간이 지날수록 개발할 수 있는 택지는 계속 줄어들어 이제는 개발 안 된 택지가 거의 없기 때문에 소위 재개발 형식을 취하지 않고는 남아 있는 공터가 없다.

이것은 수요의 급증이 이뤄졌을 시 언제든지 가격이 폭등하는 비탄력적인 시장의 대표적 모습이다. 특히 서울의 가격 폭등은 마치 패션 유행처럼 전국적으로 부동산 열풍을 불러일으키고 있다. 결국 서울의 부동산시장을 이해하지 않고는 부동산시장의 움직임을 파악해내기란 무척 어렵다. 마치 한국 주식시장의 1,600개 종목 중 매일 상한가를 칠 수 있는 종목을 찾아내는 것과 비슷한 정도로 힘이 드는 일이다. 따라서 우리나라 부동산 파동의 진원지이고 현재도 그 진원의 불씨를 지니고 있는 서울의 부동산시장에 대한 이해와 분석을 통해 시장의 비밀을 벗겨보는 방법이 가장 합리적일 것이다.

서울의 공급량을 파악한다

우리는 지금까지 시장의 기본은 수요와 공급의 원리에 의해 균형가격이 설정되며, 부동산시장의 경우 이러한 수요/공급의 원리를 벗어나 굉장히 비탄력적인 시장구조를 지닌다는 사실을 알아보았다. 또한 우리나라의 경우 부동산 급등의 중심에는 서울이 있었으며 서울의 부동산시장을 이해하지 않고는 시장흐름을 정확히 파악할 수 없음을 살펴보았다.

그러면 서울의 부동산시장은 어떻게 흘러가고 있을까? 부동산은 크게 일반적으로 아파트(주택), 오피스텔, 상가, 토지로 구성되어 있다. 그런데 현실적으로 부동산=아파트로 지칭되는 이유는 서울의 좁은 땅덩어리 속에서 과거와 같이 넓은 정원이 있는 단독주택을 짓는 것이 사실상 80년대 이후 거의 불가능해졌기 때문이다. 이처럼 80년대 이후 서울의 주거문화가 아파트로 빠르게 변화되었고 따라서 국민과 정부도 아파트의 가격 상승 동향에 특별히 주목하는 것이다. 또한 부동산은 주식이나 채권 예금과 달리 현금화할 수 있는 유동성이 매우 제한되어 있기 때문에 늘 수요가 뒷받침되고 공급이 지속적으로 이루어지는 아파트가 투자 대상 1순위로 꼽히는 것이다. 그래서 부동산시장을 분석할 때 아파트를 떠올리게 되고 그 중에서도 서울의 시장 동향에 촉각을 곤두세우는 것이다.

서울의 경우 이번 부동산 파동과 지난 89~92년 부동산 파동은 사실 쉽게 예측과 대응이 가능했고, 따라서 누구라도 손쉽게 투자할 수 있었으리라고 생각된다. 부동산을 꽤 많이 보유하고 있는 수백억대의 금융자산가들은 어쩌면 이러한 시장의 비밀을 진작부터 알고 있었는지 모른다. 어쨌든 서울 부동산을 설명하기 위해 우선 다음의 그림을 자세히 들여다보자.

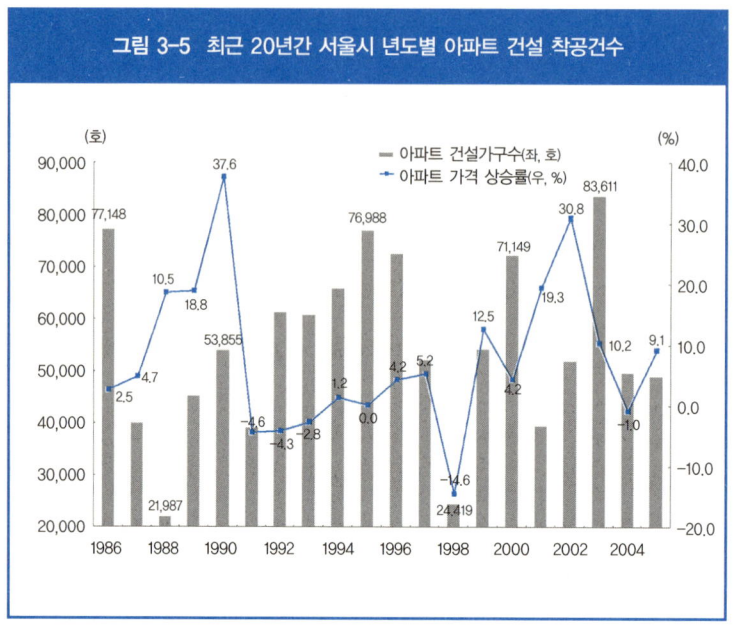

자료: 건설교통부, 서울시, 국민은행, BIBR In Labs

　　서울의 아파트는 그림에서 보듯이 그간 공급물량을 꾸준히 늘려왔다. 그런데 지난 20년간 서울시 연도별 아파트 착공실적을 조금 자세히 들여다보면, 그 증가량이 어떤 해에는 크고 어떤 해에는 줄어든 것을 볼 수 있다. 여기에 시장의 비밀에 대한 첫 번째 열쇠가 있다.

　　앞서 언급했듯이 1989~1992년에 압구정동을 시발로 한 전국적인 부동산 광풍이 몰아쳤다. 또한 근래에는 2001년부터 지난 2003년말까지 전국이 부동산 열병을 앓았고, 그 뒤 2004년 일시적으로 미분양 아파트가 증가하고 역전세난을 거쳤으나 2005년 하반기 이후 판교효과로 지금까지 다시 완만한 재상승세를 보이고 있다.

그러면 여기서 한번 생각해보자. 앞서 설명한 수요/공급 곡선의 원리에 따르면 1989~1992년에는 수요가 크게 늘었는데, 공급이 현저히 따라오지 못했다는 결론을 도출할 수 있다. 그림을 통해 정말 그런지 살펴보자. 1986년 77,148가구의 아파트가 건설된 후 87년과 88년 2년 연속 아파트 신규 착공 물량이 급감하는 것을 볼 수 있다. 1988년에는 아파트 착공 물량이 21,987호로 86년대비 무려 1/3수준으로 급감했다. 87년도 약 4만호로 86년대비 절반 수준밖에 되지 않는다. 그런데 88년 이후에는 아파트 착공 물량이 점차 꾸준히 증가하고 있으며 1995년에는 76,988호로 1986년과 비슷한 수준까지 이르게 되었다.

그런데 부동산시장은 수요와 공급이 비탄력적인 시장이라 거미집 이론이 적용된다고 했다. 1988년에 공급 물량이 2만호를 조금 상회하는 정도였는데, 이것은 착공 물량이기 때문에 착공 후 실수요자가 입주하는 데까지는 당시의 건축기술로 보아 최소 3년의 시간이 소요된다. 즉 2만호의 실제 공급은 1988년으로부터 3년 뒤인 1990년에 이루어지게 된다. 마찬가지로 이보다 한해 앞인 1987년에 착공된 신규 물량이 실제로 공급되는 시기는 1989년이다. 즉 1986년에 착공된 신규 물량이 실제로 공급되는 시기인 1988년에는 부동산시장이 대체로 안정세를 보였을 거라는 사실은 당연하다. 또한 1989년에는 수요가 계속 증가하는 데 비해 공급량이 4만호로 뚝 떨어지면서 시장에 문제가 발생하리라는 것도 쉽게 알 수 있다. 더구나 1990년에 이르러 1989년대비 절반으로 떨어진 주택공급은 공급부족 현상을 더욱 심화시키며 수요가 크게 늘지 않아도 가격상승을 부채질하게 되었다. 이렇듯 주택가격이 급등세를 보이게 되자 설상가상으로 투자와 투기수요까지 가세하면서 가수요를 폭발적으로 끌어올렸다. 그렇지 않아도 부족한 공급량에 실수요와 가수요까지 겹치면서 결국 시장은 그야말로 폭등에 폭등을 거듭했고, 인간의 3대 욕구 중 하나인 주거에 심각한 문제가 발생하게 되었다. 폭발적인 가격상승세는 매매가격뿐만 아니라 전월세 가격까지 급격히 끌어올리기 때문이다.

  뒤늦게 문제의 심각성을 인식한 정부는 각종 세금폭탄이나 규제 등 정책을 다급하게 퍼부어보았지만 가격급등세는 일시적인 주춤 현상을 보일 뿐 정부의 정책을 비웃기라도 하듯이 다시 하늘 높은 줄 모르고 치솟았다. 여기서 정부가 항상 실수를 거듭하는 근본적인 이유는 기초적인 수급을 따져보지도 않고 특정 투기세력이 서로 짜고 작전을 벌여 부동산 가격을 급등시킨다는 논리만 펴며 세무조사를 강화하겠다는 엄포성 대책만 무수히 늘어놓기 때문이다.

이번에는 위 그림을 보면서 그렇다면 어느 시점이 되어야 부동산 가격이 안정될지 한번 따져보라. 아마 이 책을 제대로 읽은 사람이라면 최소 1992년 착공 물량이 입주 물량으로 시장에 풀리는 1994년은 되어야 부동산시장이 안정세를 보일 거라는 사실을 쉽게 파악할 수 있을 것이다. 실제로 1992년말까지 세상 무서운 줄 모르고 급등하던 당시 부동산 가격은 1993년 중반을 넘으면서 가격 상승세가 크게 둔화되었고 이후 지속된 공급우위로 가격안정세를 되찾았다.

그런데 재미있는 것은 지난 1989~1992년의 부동산 가격 폭등을 경험한 공급자(건설업자)들이 외형규모가 급격히 커지면서 지속적인 초과이윤을 기대하고 공급량을 꾸준히 크게 늘려나갔다는 점이다. 즉 건설업체들은 부동산 수요가 앞으로도 계속해서 이어질 것이라는 착각 아닌 착각을 했고 1995년 약 77,000호라는 사상 최고의 물량에 이르기까지 계속 공급을 늘려나갔다.

문제는 1989~1992년까지 이어진 부동산시장의 장기 호황세에 공급량의 지속적인 증가로 본격적으로 공급이 늘기 시작한 1992년 이후 입주 물량이 쏟아지던 1994년부터 점차 미분양이 쌓여갔고, 이는 다시 건설사들의 한숨으로 되돌아오기 시작했다는 점이다. 이 책을 읽고 있는 사람들 중에도 거평이나 나산그룹이 1990년대 중반 혜성같이 등장해 중견기업으로 우뚝 섰던 때를 어렴풋이 기억하는 사람이 있을 것이다. 그 거평과 나산이 바로 89~92년 부동산 대호황을 등에 업고 일개 작은 건설사에서 중견그룹으로 성장한 대표적인 예이다.

그러나 96년 이후에 문제가 발생한다. 1995년 대규모 착공 물량이 실제 공급 물량으로 풀리는 1997년에 우리는 IMF라는 사상 최고의 국가 위기를 맞는다. 즉 대규모 입주 물량이 풀리면서 공급과잉에 시달리는 상황에서 IMF 위기까지 겹쳐 97~99년은 95~97년의 대규모 입주 물량과 더해져 사상 최대의 부동산 폭락을 겪게 된다. 이 당시 부동산은 절대불패라고 생각하면서 여러 부동산을 투자목적으로 보유하고 있던 사람들은 엄청난 손해를 감수해야 했으며, 넘치는 아파트 물량으로 전세금을 제때 돌려주지 못하는 역전세난을 톡톡히 겪으면서 부동산이 더 이상 안전한 자산이 될 수 없다는 것을 입증해주었다.

주위를 둘러보면 90년 중반까지 엄청난 부를 누리고 있던 사람이 IMF를 맞아 크게 몰락하고 반면에 중하위층의 삶을 영위하고 있던 사람들이 현재 엄청난 부를 축적하고 살아가고 있는 것을 종종 볼 수 있는데, 이는 당시 자산 포트폴리오를 부동산으로 크게 편중한 사람들과 주식비중을 높여놓은 사람들이 대거 몰락하였기 때문이다.

IMF 당시 엄청난 미분양과 역전세난은 건설사들에게 위기를 안겨주었는데, 앞서 거론한 거평이나 나산뿐 아니라 한양, 건영, 우성 등 소위 내로라하는 중대형 건설사들조차 분양실적 저조로 인한 수익성 악화와 부채로 모두 쓰러지면서 역사의 뒤안길로 사라져버렸다.

많은 건설사들이 이렇게 부도를 내며 없어지고, 공급과잉에 따라 부동산 가격이 하향 안정세를 보이자 모든 건설사들이 확신을 가지고 분양을 크게 늘릴 수 없는 처지에 이르렀다. 1998년 서울시 아파트 신규 착공 물량이 10년 전인 1988년과 비슷한 24,000여 호로 급격히 줄어든 것이 당시의 상황을 단적으로 보여준다. 하지만 위기는 기회라고 했던가? 이러한 물량의 급감은 이것이 시장에 실제로 공급되는 2000년 이후 다시 부동산시장이 폭등하리라는 사실을 암시하고 있었다.

IMF의 위기를 신기술 열풍으로 몰아친 1999년을 지나면서 IMF 조기 탈피의 기대감과 탄탄한 IT 수출과 무역수지 흑자에 힘입어 국내 경기는 빠른 회복세를 보였다. 건설시장에도 훈풍이 불기 시작해 99년부터 아파트 착공 물량의 회복세가 조금씩 나타나는 것을 볼 수 있다.

그러나 2000년말부터 다시 문제가 나타나기 시작했다. 1998년에 최악으로 치달은 착공 물량은 그 뒤 3년 후 입주 물량에 본격적으로 영향을 미치면서 2001년 전월세값 급등을 출발로 전국을 다시 부동산 광풍으로 몰아넣게 된다. 다행히 2000년에는 착공건수가 7만호에 이르면서 2003년 입주량으로 쏟아졌고 정부의 각종 정책이 효과를 나타내는 것처럼 보였다. 그런데 그간 건축기술의 발달이 급격하게 이뤄지면서 과거 착공부터 입주까지 최소 3년이 걸리던 것이 2001년 이후 2년으로 단축되었고 부동산시장의 가격 움직임이 더욱 빨라졌다. 각자 가만히 생각해보면 알겠지만 2004년~2005년은 부동산시장이 비교적 안정세를 보였고 2004년에는 일시적으로 역전세난까지 나타났다. 당시 많은 언론기사는 이미 부동산시장의 이러한 비밀을 파악하고 정확한 수급분석을 통해 2003년 여름, 향후 부동산시장이 하향 안정화에 들어갈 것임을 제시하기도 했다.

실제로 2003년의 서울시 아파트 착공 물량은 83,611호로 지난 20년 사상 최고치를 기록했다. 이것은 건설사들이 2001~2003년의 호황에 따른 기대수익을 높게 잡으면서 재건축과 신규 착공을 통해 엄청난 물량 공급을 했기 때문이다. 이것이 2005년 입주 물량으로 들이닥치면서 일시적으로 부동산 가격이 안정세를 보였던 것이다.

그러던 것이 2005년 중반부터 다시 가격상승이 진행되는데, 그 원인은 판교라는 특정 지역의 기대수익이 주변 아파트 가격의 상승을 자극했기 때문이다. 물론 부동산의 경우 100% 자기자본만 가지고 매입하는 경우보다는 일정부분 대출을 통해 구입하게 되므로 대출이 용이한 저금리 하에서는 수요억제를 크게 누를 수 없다는 다른 하나의 큰 요인도 작용했다.

평형 차별와의 시대가 온다

그럼 앞으로 부동산시장이 어떻게 될지 한번 생각해보자. 눈치 빠른 사람이라면 앞으로 부동산시장이 잠잠해지기 어려울 것이라는 사실을 이미 알 수 있을 것이다. 지난 2004년에는 2003년대비 절반까지 착공 물량이 감소했고 2005년에는 2004년보다도 착공 물량이 더 줄어드는 모습을 보이고 있기 때문이다.

그렇다면 답은 이미 나와 있다. 지난해 정부의 8·31 대책 이후 안정을 보이던 부동산시장이 다시 서울의 강남과 분당을 중심으로 들썩이면서 연초부터 빠른 가격상승세를 보이기 시작했는데, 이것은 이미 2004년도에 착공된 물량이 입주량으로 뒤바뀌면서 공급이 다시 줄어들기 시작했기 때문이다. 문제는 내년인데, 내년에는 올해보다 더 적은 물량이 시장에 입주량으로 들어오면서 수요가 조금이라도 늘어난다면 또 다시 큰 폭의 부동산 가격 상승을 경험하게 될 소지가 높다.

앞으로 부동산시장은 지금까지와는 다르게, 또 지난 수십 년간의 부동산 파동과는 다르게 전개될 것으로 예상된다. 지금까지는 부동산 파동이 특정 선도지역을 중심으로 해당 지역과 그렇지 못한 지역의 가격차가 존재하는 양상을 보여왔다. 그러나 2007년 이후에는 부동산시장이 철저히 양극화로 양분될 것으로 보인다. 이 양극화는 아파트 평형에서 뚜렷이 나타날 터인데, 소위 중대평형으로 불리는 전용면적 25.7평(일반 분양평수 35평) 이상은 가격이 급등세를 지속하는 양상으로 전개될 것이다. 그 이유는 다음과 같다.

여기에는 앞서 제시한 부동산시장의 가격결정 요인과 수급요인이 동시에 작용한다. 현재 정부 정책의 핵심은 전반적인 부동산시장의 안정화에 집중되어 있다. 이것이 범하고 있는 중요한 오류는 실수요자들의 니즈를 간과하고 있다는 것이다. 현재 대부분의 실수요자들은 신혼수요나 독신 또는 노인들을 제외하고 대체로 최소 35평 이상의 중대형평을 요구하고 있다. 문제는 현재 정부가 단순한 공급확대 논리로 접근하여 지난 수차례의 부동산 정책을 통해 단순히 주택공급수만 늘리고 있다는 점이다. 이를 위해 정부는 재건축 아파트 소형의무평형 확대, 용적률 강화와 지나친 세금 위주의 정책으로 수요가 몰리는 곳(강남 등의 특정 지역)의 재건축 억제 등 착공(공급) 억제책을 펼치고 있다. 이것은 25.7평 이하의 국민주택 평형에서는 어느 정도 효과를 발휘할 것으로 예상되나 상당수 실수요자들이 희망하는 중대형평형에서는 공급의 문제를 발생시켜 부동산시장의 양극화를 초래할 수밖에 없을 것이다.

결국 과거 수십 년 동안은 특정 지역에서 가격이 급격히 상승하고, 이것이 주변 지역으로 빠르게 확산되어 전체적인 부동산시장의 급등을 야기시켜왔다. 하지만 이와 달리 이제는 전반적으로 안정세를 보여 마치 정부의 정책이 제대로 먹혀들어가고 있는 것처럼 보이겠지만, 실제로는 지금까지보다 더 극심한 부동산 가격 폭등을 중대형평형에서 볼 수 있게 될 것이다. 이는 이제까지 보지 못했던 부동산시장의 새로운 패턴이 될 것이므로 대부분의 사람들이 크게 당황할 것이며 그래서 아마도 일시적으로는 가격 거품론에 휩싸일지도 모른다. 하지만 나는 이것이 가격 거품론이 아니라 왜곡된 정책에 의해 실제로 형성된 수급불균형에 따라 시장에서 결정되는 정상가격이 되리라고 생각한다.

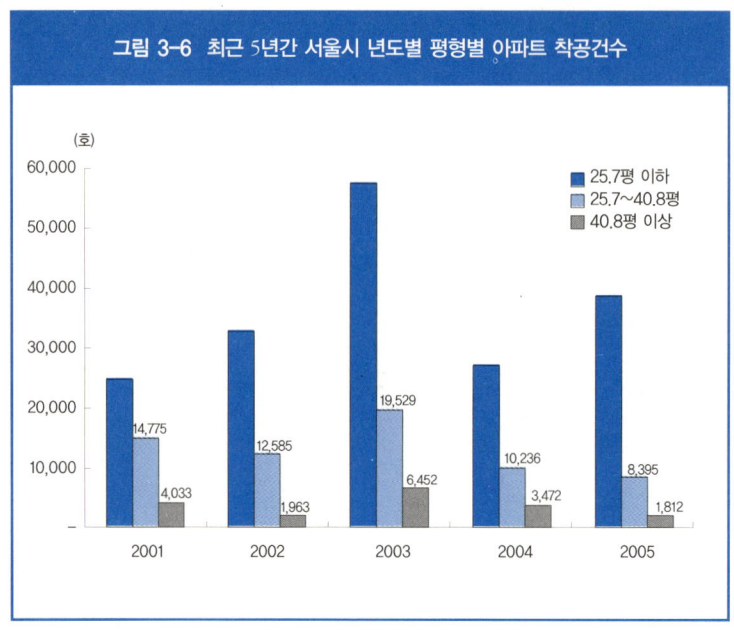

출처: 건설교통부, 서울시, BIBR In Labs

　　지금부터 여러분들은 제시되어 있는 그림을 통해 내가 설명한 내용과 그것이 곧 현실로 닥치리라는 것을 확인할 수 있을 것이다.

　　앞에서 우리는 지난 20년간 서울의 연도별 아파트 신규 착공건수를 살펴보았고 이를 통해 시장의 상승과 하락이 어떻게 진행되었는지 확인해보았다. 이를 통해 여러분들은 부동산의 가격 결정에 있어 비탄력적인 시장의 특성이 수급과 맞물려 얼마나 중요한지 알 수 있었을 것이다.

그럼 그것을 한 단계 더 응용해보기로 하자. 위 그림은 2007년 이후 부동산시장이 곧 중소형평과 중대형평수로 양극화의 길을 걷게 될 것이라는 사실을 여실히 보여주고 있다.

그림을 보면 일단 한눈에 국민주택평형이라는 전용면적 25.7평 이하의 아파트 착공 물량이 지난 5년간 꾸준하게 증가하고 있음을 확인할 수 있다. 지난 2005년도에도 이 물량은 증가했는데, 이제 곧 2007년 입주 물량으로 들어오기 시작하면서 일반 서민들은 부동산의 가격이 급등하게 될 위험에서 다소 벗어났다고 볼 수 있다.

문제는 중산층 이상이 선호하는 전용면적 25.7평(분양평수 35평) 이상에서 발생한다. 많은 사람들이 과거보다 여유로워진 경제여건 속에서 보다 나은 주거환경을 위해 큰 평수로 옮기기를 선호하는데, 위 그림을 보면 2003년 이후 중대형평형은 오히려 급격히 줄어들고 있음을 눈으로 확인할 수 있다. 2001~2003년까지는 소위 50평 이상의 초대형평수를 제외한 35~50평까지 중대형평형의 공급이 원활하게 이루어지고 있었으나, 2003년 이후 급격하게 줄어들면서 2003년대비 2005년 공급량은 겨우 40%에 수준에 이르고 있다.

이는 이제 곧 2007년 시장수요에 문제를 일으킬 것이다.

2007년에 실제로 공급이 이루어지면 2007년 이후 중대형평형의 가격 상승이 빨라질 것이고 이는 중소형 아파트와의 가격차를 크게 벌여놓을 것이다. 더구나 2006년에 들어 지난 1~3월 서울시 아파트 착공건수는 전반적으로 감소한 가운데, 지난 3·30 대책 이후 6억 원 이상의 고가 아파트에 대한 대출규제가 심화되면서 건설사들이 재건축 규제와 맞물려 40평형대 이상의 아파트를 자유롭게 공급하지 못하는 문제점에 봉착했다. 이제 곧 최소 35평형 이상의 중대형으로 갈아타고자 하는 중산층 수요자들의 경우 기존에 공급된 아파트 내에서 결정해야 하는 선택 아닌 선택을 강요받게 될 것이다.

따라서 현재 정부에서 특단의 공급확대 정책이 이루어지지 않는 한 부동산시장에서 지역 차별화라는 양극화 외에 평형 차별화라는 또 다른 양극화를 겪을 것으로 보인다.

부동산 가격 상승의 양극화는 더 빠르게 다가온다

앞서 약 2007년부터는 부동산시장에 새로운 상승이 나타날 것이라고 말했는데, 실제로 중대형 평수 위주로의 가격상승은 2007년보다 조금 더 빠르게 나타날 것으로 보인다. 필자의 개인적인 생각으로는 올해 2006년 9월부터가 될 것으로 파악되는데, 이유는 월별 입주량의 추정치에 근거한 데이터 분석과 더불어 올 4월 전국의 관심을 끌어 모은 판교 신도시의 2차 분양인 중대형평형의 일반 분양이 오는 8월로 예정되어 있기 때문이다.

즉 판교발 부동산 가격 들썩임과 지금까지 제시했던 향후 수요/공급의 가격결정 논리에 따라 오는 9월부터 서울을 시작으로 중대형평형의 가격상승세가 본격적으로 점화될 것으로 예상된다. 판교의 경우 연초 중소형평형 분양과는 달리 중대형평형의 경우 유명한 대형건설사들의 분양 참여가 이뤄지는 데다 우리나라 부동산시장의 전형적 성수기인 가을 이사철과 맞물리면서 수요 증가가 급격하게 나타날 수 있기 때문이다.

> **한국 부동산시장은 M자형 싸이클?** 우리나라 부동산시장의 경우 전형적인 M자형 곡선을 그리는데, 12~2월에는 겨울철 비수기로 가격이 안정화되며, 3~5월은 신학기 이사와 더불어 신혼수요 등이 어우러져 전형적인 강세장의 모습을 나타낸다. 이후 장마철인 6월부터 휴가철이 들어 있는 7~8월에는 다시 가격 하락세가 나타나면서 시장이 안정화를 걷다가 9~11월에는 좋은 날씨와 결혼수요로 인해 부동산 가격의 재상승세가 나타난다.

특히 중대형평형의 경우 실수요와 더불어 투자수요까지 동시에 나타날 수 있는 데다 전반적으로 이미 공급증가를 단시

일 내에 획기적으로 개선할 수 없는 상황으로 빠져들었기 때문에 가격이 급등세를 보이면 어떤 대책을 내놓더라도 상승세를 잠재우기 어려울 것으로 보인다.

전반적으로는 부동산시장이 안정세를 보일 것이므로 어쩌면 중대형평형의 가격 상승이 투기적 가수요가 곁들여진 거품가격이라고 평가절하시키려는 주장들이 나올 수 있을 것이나 이 책을 보고 있는 사람들이라면 절대로 이러한 엉터리 주장에 휩쓸릴 리 없을 것이다. 즉 수요와 공급이 가장 비탄력적인 시장에서 시장의 자율적 가격 결정에 의해 형성된 가격이라고 파악하고 받아들이면 된다.

따라서 조금 더 큰 평수로 주택을 옮기고자 생각했다면 이러한 상황이 본격적으로 전개되기 전에 남보다 먼저 움직이거나 아니면 가격 상승 움직임이 나타났을 때 주저 말고 빠른 결정을 내려 갈아타거나 이사하는 것이 좋을 것으로 보인다.

채권시장 읽기 채권시장의 숨은 비밀
Chapter 04

이제 투자시장의 3대 축으로 불리는 채권시장에 대해 알아보자. 대부분 사람들은 채권시장을 굉장히 어렵게 여기고, 채권 투자가 일반인에게 보편적인 게 아니라고들 생각한다. 이 말이 완전히 틀리다고는 할 수 없다. 사실 채권은 수익률과 가격결정의 원리가 주식과 달리 조금 복잡하고, 생소한 용어도 많다. 더구나 채권은 금리에 대한 이해가 없으면 자칫 시장을 역행하는 투자 오류를 범할 수도 있다. 실제로 채권은 대부분 금융기관이나 상당한 자금을 쥐고 있는 개인이 거액거래를 하기 때문에 일반인들이 관심을 갖기가 더더욱 어려울 수밖에 없고 접하기 부담스러운 게 사실이다.

이 책을 쓰면서 채권시장에 대한 얘기를 맨 마지막에 둔 것도 이러한 이유 때문이다. 또 당분간 최소 수년 동안은 채권시장의 투자 매력이 크게 반감될 수밖에 없기 때문에 이 부분을 아주 자세히 다루지는 않을 생각이다. 그러나 지금부터 설명하는 내용들만이라도 이해하면 채권이 크게 어렵지만은 않다는 것을 깨닫게 될 것이고 최소한 채권 투자를 할 시점과 나올 시점을 어떻게 파악해야 하는지 정도는 쉽게 알 수 있을 것이다.

앞서 지적했듯이 사실 채권 투자는 현재와 일정 미래까지 그리 매력적이지 않은 투자시장이므로 여기에서는 시장에 대해 깊숙이 들어가는 것보다 채권 투자의 핵심적이고 중요한 부분만 전반적으로 설명해나가도록 하겠다.

채권의 기본적 이해는 필수다!

최근 주식시장이 사상 최고치를 경신했고, 외국인들을 비롯해 적립식 펀드의 효과로 시중의 자금이 주식시장에 엄청나게 유입되면서 우리나라 시가총액이 700조 원을 넘었다는 기사를 접한 지도 꽤 되었다. 그러면 주식시장과 채권시장의 규모는 어디가 더 클까?

어떤 이에게는 너무 쉬운 질문이겠지만 의외로 모르고 있는 사람들이 무척 많다. 정답은 채권시장의 규모가 주식시장보다 훨씬 크다. 필자도 처음에는 채권시장의 규모가 어느 정도인지 잘 모르고 있었으나 나중에 시장을 분석하면서 알고 다소 놀랐다.

표 4-1 채권시장의 연도별 규모 증가표

년도	종목수(개)	상장잔액(억원)	거래대금(억원)
1990	6,891	511,173	32,503
1991	8,358	614,907	20,978
1992	9,439	651,432	6,050
1993	10,559	789,327	55
1994	11,302	1,024,971	11,690
1995	12,721	1,259,980	14,299
1996	14,570	1,755,397	13,784
1997	15,887	2,241,166	40,445
1998	13,590	3,340,343	154,888
1999	9,755	3,644,186	2,936,067
2000	7,466	4,246,836	271,697
2001	7,891	5,047,299	142,262
2002	8,563	5,639,436	471,742
2003	8,950	6,072,945	2,149,019
2004	8,714	6,613,514	3,841,092
2005	8,402	7,217,898	3,627,594

출처: 증권선물거래소

앞의 도표를 보면 채권시장의 규모가 날로 커지고 있으며 그 규모에 있어서 주식시장과는 거의 비교가 되지 않는다는 사실을 알 수 있다. 이러한 큰 투자시장을 전혀 모르고 재테크나 투자를 한다는 것 자체가 우습지 않은가? 지금부터 당장 필요한 부분만이라도 쉽게 익혀보도록 하자.

채권(債券)이란 우리가 흔히 얘기하는 채무/채권을 말한다. 즉 차용증서라고 말할 수 있다. 이것을 발행한 쪽은 앞으로 돈을 갚아야 하는 채무자가 되는 것이고 반대로 이 채권을 보유한 사람은 돈과 이자를 받을 권리가 있는 채권자가 되는 것이다. 이렇게 설명하면 채권이라는 게 그냥 일반적인 생활과 그리 멀지 않은 곳에 있는 것이라고 쉽게 이해할 수 있을 것이다.

조금 더 구체적으로 채권을 설명하자면 채권 발행자는 채권에 얼마의 금액(액면)을 빌려서, 언제까지, 연 몇 %의 이자로 돈을 지급하겠다는 내용을 적어넣어야 한다. 여기서 언제까지라는 것이 해당 채권의 만기를 말하는데, 흔히 일반회사의 회사채는 3년, 국공채인 경우에는 5년이 만기인 것이 대부분이다. 또한 채권에는 연간 몇 %의 이자를 지급하겠다는 내용도 포함되어 있는데, 이것이 표면금리이다.

경제지를 보면 간혹 연기금이나 보험사 등이 지나치게 채권투자 비중이 높아 저금리 하에서 수익률을 너무 보수적으로 운영하고 있는 게 아니냐는 기사를 볼 수 있다. 이는 채권의 장점에 치중해 수익을 크게 내는 것보다는 큰 손해를 보지 않으려는 기관투자자들이 채권을 선호해서 발생하는 현상이다.

실제로 채권은 신용도가 높은 국가나 기업만 발행할 수 있으며, 각종 신용평가기관이 수시로 해당 발행자(국가, 기업)에 대한 신용평가를 하고 있다. 따라서 신용등급이 높은 경우에는 향후 만기가 도래할 때까지 발행자가 파산하여 채권회수가 불가능해질 염려가 없으므로 비록 적은 이자를 보장하더라도 그 채권을 인수하려는 사람이 많아 비교적 적은 표면금리로도 자본을 조달하기 쉬워진다.

반대로 파산 위험이나 향후 경제변수에 따라 부실화되기 쉬운 국가나 기업은 위험부담이 높기 때문에 신용평가기관으로부터 좋은 신용등급을 얻을 수 없고, 표면금리를 상당히 높여 발행해야 수요가 생긴다. 즉 이 경우 매년 받는 이자가 높기 때문에 채권 발행자가 부실로 인해 망하게 될 위험을 감수하면서도 투자를 하는 것이다.

결국 연기금이나 보험사의 경우 투자로 고수익을 추구하기보다는 원금을 잃지 않는 것이 더 중요하기 때문에 신용등급이 비교적 안정적인 채권을 골라 확정된 이자를 정기적으로 받는 것을 1차 목표로 하고, 여기에 시중금리 변동에 맞춰 적기에

팔아 때로는 시세차익을 올리기도 하는 것이다. 즉 채권은 채권 발행자의 신용등급과 안정성을 살핀다면 큰 위험 없이 표면금리만큼의 이자수익을 확보함과 동시에 때로는 시세차익을 얻어낼 수 있다는 점에서 안전한 투자처라는 장점이 있다.

한편 채권의 리스크도 존재하는데, 우선 발행자가 파산 상태에 몰려 채무 불이행이 발생할 경우이다. 즉 투자자가 일정 금액을 주고 해당 채권을 인수했는데, 중간에 이자만 일부 받다가 파산으로 인해 원금 회수가 불가능해지는 경우를 말한다. 일례로 불과 3년 전만 해도 신용카드사의 회사채가 정크본드(쓰레기 채권)라는 오명을 쓰며 시장에서 형편없는 가격으로 거래된 적도 있었다. 과거 IMF 때는 국내 대기업이나 심지어 우리나라의 국공채까지도 해외에서 이런 정크본드 수준의 취급을 받았는데, 이것이 바로 채무 불이행에 대한 위험 때문이었다.

또 하나의 리스크는 채권의 경우 만기에 얼마를 지급하겠다는 표면금리가 이미 정해져서 나오는데, 금리가 급격히 변동할 경우 채권가격이 하락할 수 있는 위험이 있다. 이것을 금리변동에 따른 시장 위험이라고도 하는데, 이는 채권이 유통될 때 시중의 금리와 채권의 유통가격이 반대로 움직이기 때문이다. 이 부분에 대해서는 다시 자세히 설명하겠다.

또 하나 채권투자에서 가장 높은 리스크는 시장의 물가가 급등하여 인플레이션이 발생하게 될 경우이다. 물가상승이 발생하면 결국 중앙정부는 치솟는 물가를 잡기 위해 금리를 급격히 인상해나간다. 최근에 미국에서 꾸준하게 FOMC회의를 통해 금리를 인상해나갔는데, 이는 경제가 회복되면서 물가가 상승하여 인플레이션이 있을 수 있다는 판단 하에 물가상승을 초기에 적극적으로 억제시키겠다는 의도가 숨어 있는 것이다.

　　물가상승은 일반적으로 경기가 좋아질 때 발생한다. 경기가 좋아지면 수요가 적극적으로 늘어나기 때문에 생산자가 수익성 제고를 위해 가격상승을 시도해도 수요자는 이를 큰 저항 없이 수용한다. 또한 물가가 오르면 뒤이어 근로자들도 보수를 올려 받고자 하는 욕구를 분출하고 수익성이 증가된 기업 또한 이를 부담 없이 받아들여 임금인상을 단행한다. 이러한 과정이 진행되는 것이 소위 인플레이션이다. 반대로 경기가 침체되는데 물가가 뛰는 것은 디플레이션이라고 하며, 우리나라는 IMF 외환위기 당시 치솟는 환율로 인해 수입물가가 큰 폭으로 뛰면서 일시적으로 디플레이션을 경험한 적이 있다.

　　사실 채권은 그 종류도 많고 경제원리를 알아야 하며 수익률을 계산하는 수학적 공식이 있어 굉장히 복잡하고 어렵게 느껴질 수밖에 없다. 그런데 실제로 이 책을 읽고 있는 사람들도 알고 보면 이미 채권을 한두 번 사고판 적이 있을 것이다. 우리나라는 자동차를 구입할 때 반드시 채권을 구입하도록 되어 있다. 특별시나 광역시의 경우 도시철도채권을 구입하는데 만기가 5년인 데다 이자도 극히 낮아 대부분의 사람들은 차를 구입할 때 영업사원을 통해 할인을 해 되팔아버린다. 또한 주택을 구입할 때에도 국민주택채권이라는 것을 구입하도록 되어 있는데, 주택구입 시 들어가는 매입비용과 등록세, 취득세 및 중개수수료 등이 높아 대개는 당장의 비용을 줄이기 위해 부동산 등기를 위임한 법무사무소나 은행창구에서 바로 할인하여 매도하는 경우가 대부분이다. 이렇듯 어떻게 보면 대부분의 국민이 이미 한 번쯤 채권 거래를 했다고 볼 수 있을 만큼 채권은 사실 주식보다 더 보편적으로 투자자들에게 다가와 있다.

채권은 금리이다

그렇다면 채권을 어느 때 사고 어느 때 팔아야 할까? 채권의 세부적 가격 형성 원리를 아는 것보다 더 중요한 것이 아마도 투자시점일 것이다. 한마디로 말해 채권은 금리라고 생각하면 된다. 채권은 시중금리에 따라 가격이 바뀐다. 또한 국가나 기업이 필요한 자금을 조달하기 위해 채권을 발행하고자 할 때, 발행 당시의 시중금리보다 얼마를 더 줘야 채권발행이 성공적으로 이뤄질 수 있을지를 결정한다.

조금 복잡하게 들릴지 모르겠는데, 신용등급 A라는 회사가 회사채를 발행한다고 하자. 발행 시점에 시중금리가 5%라고 가정할 때 이 회사가 표면금리 4%로 발행한다면 여러분들은 이런 채권을 인수하려 하겠는가? 당연히 인수하지 않을 것이다. 시중금리가 5%라면 은행에 그냥 넣어놓기만 해도 원금 손실 없이 연 5%의 이자를 취할 수 있다. 따라서 아무리 신용등급 A의 우량회사라 부도로 인한 채무불이행 가능성이 없다고 하더라도 수익률이 낮기 때문에 이 채권에는 투자할 이유가 없다. 따라서 시중금리보다 높은 표면금리를 지급하겠다는 약속을 해야 결국 발행에 성공할 수 있는 것이다.

일반 사람들은 채권가격과 금리가 반대라는 말과 채권수익률이라는 용어를 상당히 혼란스러워하고 복잡하게 여기는 경우가 많다. 이것을 쉽게 설명해보겠다. '채권이 곧 금리'라는 기본적 메커니즘을 알아야 채권의 투자시점이 보이기 때문이다.

이해를 쉽게 하기 위해 일단 A기업이 발행한 채권이 있는데, 그 채권을 발행한 시점에서 인수해 투자한다고 가정해보자. A기업은 신용등급이 B$^+$이고 A등급보다는 조금 덜 우량하나 현재 상황에서 크게 부실화될 가능성이 낮아 채권발행을 통한 자본 조달에는 어려움을 겪지 않을 것으로 판단된다. 다만 이 회사의 경우 신용등급으로 인한 불리함 때문에 현재 시중금리 5%를 감안 시 A등급의 회사보다 조금 더 높은 7%의 이자를 지급하기로 결정하고 3년 만기 채권을 발행했다고 치자. 시중금리보다 2% 금리가 더 높기 때문에 이 채권을 사려는 사람이 있을 것이다. 이 채권을 인수한 사람은 이제 해당 채권이 만기가 되는 3년 뒤 투자한 원금과 이자를 획득할 수 있게 되었다. 그런데 만기까지 3년이라는 시간은 짧다면 짧을 수 있지만 길다면 무척 길 수도 있는 시간이다. 만일 1년 뒤에 시중금리가 급등을 해서 8%대로 올라갔다면, 또 금리의 상승추세가 지속되어 2년 뒤에는 10%로 올라갔다고 가정했을 경우, 이 채권은 만기까지 들고 있어봐야 원금과 7%의 이자수익밖에 남지 않는다. 이 채권을 계속 보유하겠는가? 당연히 매각하여 처분하려 들 것이다. 그런데 그것을 인수하는 사람은 채권이 만기까지 기간이 많이 남아 있고 그만큼 시장의 변동에 따른 위험성을 안고 가기 때문에 할인해서 인수하려 할 것이다. 즉 채권을 내가 팔 경우에 만기라면 해당 회사에 제시하고 원금과 이자를 지급받을 수 있지만 그 이전에는 해당 회사가 원금을 지급할 의무가 없으므로 투자자는 결국 시장에서 할인을 해서라도 매각해야 한다. 그리고 현재 금리가 높아지고 있다면 해당 채권의 할인가격은 당연히 더 떨어질 것이다. 즉 이런 원리로 금리가 높으면 채권가격이 하락하게 되는 것이다.

　　반대로 이번에는 금리가 떨어져서 시중금리가 2.5%로 급락했다고 가정하자. 만기 시까지 보유만 하면 7%의 확정이자와 원금까지 회수할 수 있는 우량회사채라면 너도나도 안전한 투자수단이라고 판단하기 때문에 사려고 덤빌 것이다. 그렇다면 당연히 채권가격은 만기 전에 얼마든지 상승할 수 있다. 즉 금리가 낮아진다면 채권가격은 자연스럽게 올라가는 구조이다. 이것이 흔히 말하는 금리와 채권가격이 반대라는 의미다.

　　여기까지 알고 나면 채권수익률은 아주 쉽게 이해할 수 있다. 채권은 만기라는 것이 존재하는데 만기가 가까울수록 투자기간은 표면금리를 안정적으로 쉽게 획득할 수 있다. 예를 들면 현재 시점에서 1년 뒤 만기 7%의 표면금리를 준다고 했을 때 얻을 수 있는 수익률은 1년 투자해서 7%이다. 그런데 6개월 만기가 남은 채권에 투자해서 얻는 수익률도 똑같은 7%이지만, 연 7%임을 감안하면 실제로는 14%의 수익을 얻는 셈이다. 따라서 채권의 할인율은 이러한 만기까지의 기간과 시중금리, 만기 표면이자율이 더해져 계산되므로 복잡한 수식으로 보일 수밖에 없고 당연히 일반사람들은 채권투자를 기피하려 드는 것이다.

　　결국 채권의 투자기간이 짧다면 매수하는 채권가격은 발행초기보다 상당히 높아 거의 원금 수준에 육박해 있을 것이다.

반면에 해당 회사가 발행한 이후 3개월이 지난 시점에서 시장에서 할인해서 채권을 매수했을 경우는 상당히 낮게 인수할 수 있다. 이렇게 되면 채권은 만기 시까지 표면금리 외에 할인에 따른 가격차가 발생하여 꿩 먹고 알 먹는 투자를 겸할 수 있다. 특히 우량 채권의 경우 채무불이행으로 인한 리스크도 없으니 얼마나 좋겠는가?

즉 우리가 생각해봐야 하는 것은 만기가 길고 짧음에 따라 수익률에도 차이가 생긴다는 부분이다. 또 한 가지 알아둘 것은 금리와의 상관관계이다. 즉 금리가 높아지면 채권가격이 떨어진다. 이것은 매도하는 사람 입장에서는 싸게 할인해서 팔아야 하는 이유가 되지만 반대로 매수하는 사람 입장에서는 싸게 매수하는 기회가 된다. 즉 금리가 높아지면 매수자 입장에서는 싸게 사서 만기 시까지 보유한다고 했을 때 높은 수익률을 올릴 수 있다. 결국 금리가 올라갔다는 것은 채권 수익률이 높아졌다는 것과 같은 말이 된다. 반대로 금리가 낮아지면 채권의 표면금리가 시중금리보다 높기 때문에 사려는 사람이 많아지면서, 할인율은 떨어져 채권가격이 올라간다. 또한 상승한 채권가격 때문에 만기 시까지 채권 수익률이 낮아지게 되는 것이다. 이제 채권과 금리와의 관계 및 채권 수익률의 상관관계에 대해 웬만큼 알 것이다.

우리가 채권 투자를 하는 데 있어 또 하나의 중요한 포인트는 안정성과 수익성이라는 부분이다. 이에 대해서는 이미 앞서도 잠시 언급을 하였는데, 국가나 정부가 발행하는 국고채나 공공채 같은 경우 안전하다는 이유로 이자율이 낮다. 반면에 회사채의 경우 신용등급이 아주 우량한 삼성전자나 포스코 같은 AAA급의 회사채라면 모르겠지만 일반적으로 투자적격등급으로 판정하는 BBB급 채권 이하의 경우 AAA급에 비해 최소 4~5% 이상의 금리 차가 난다. 즉 파산 같은 채무 불이행으로 인한 리스크가 존재하는 대신 표면 지급이자율이 높아 만기 시까지 특별한 문제가 없다면 높은 수익률을 보장 받을 수 있는 것이다. 따라서 마치 주식에서 우량한 대형주를 매수했을 경우에는 주가흐름이 소처럼 꾸준히 안정적으로 가는 경우가 많으나, 코스닥의 일부 기업들이 M&A나 개발재료로 급격한 상승을 시도하다 폭락으로 반전되는 것처럼 채권도 저위험-저수익, 고위험-고수익의 시장논리가 적용된다.

금리의 흐름을 읽어라

앞에서는 채권시장에 투자하기에 앞서 채권시장이 갖는 기본적인 속성과 금리와의 관계를 살펴보았다. 지금부터는 채권시장에 언제 뛰어들어 투자하고 언제 나와야 할지의 문제에 대해 생각해보자.

이 책은 기본적으로 각 시장에서 어떤 종목을 사고팔아야 할지가 아니라 어느 시장에 언제 투자를 해야 할지를 알아내는 데 초점을 맞추고 있다. 일반적인 사람들의 경우 특정 시장에서 종목을 잘못 정해 투자에 실패하기보다는 시장의 흐름에 역행하는 투자를 하기 때문에 크게 실패하곤 한다. 따라서 채권투자 역시 가장 중요한 것이 어떤 종목을 사서 어떻게 투자를 하느냐가 아니라 언제 채권을 매수해서 어느 때 빠져나오느냐가 더 중요한 투자 포인트라고 할 수 있다.

주식시장은 앞서 설명했듯이 주요 경제지표의 변화가 가장 중요한 투자기준이라고 했고, 부동산시장은 수요와 공급의 변화가 가장 중요한 투자기준이라고 했다. 채권투자에서 가장 중요한 것은 금리의 변화이다. 따라서 금리의 변화가 어떻게 진행될 것이고 흘러갈 것이냐를 예측하고 알아내는 것이 가장 중요한 포인트가 될 것이다.

앞서 '채권 수익률이 높다=고금리=채권가격 낮다' 라는 내용과, '채권 수익률이 낮다=저금리=채권가격 높다' 라는 내용을 살펴보았다. 간단히 말해 금리가 높아 더 이상 금리를 인상시키지 않을 것이라고 판단될 때에는 채권 가격이 최저 바닥을 형성하고 있을 것이므로 채권을 매입해두면 중장기적 관점에서 이자수입+채권가격 상승으로 상당한 수익을 거둘 수 있다. 반대로 금리가 매우 낮아 향후 금리가 인상될 것으로 판단되면 채권가격은 가장 고평가되어 있을 것이므로 채권을 계속해서 매도해 나가면 될 것이다.

결국 금리의 흐름을 예상하는 것이 채권투자의 키포인트라고 할 수 있다. 물론 채권시장도 다른 시장처럼 갖가지 이유로 시중금리가 매일 변동할 수 있기 때문에 채권 가격의 변화가 지속적으로 나타나 단기차익거래를 얻어낼 수도 있다.

금리를 어떻게 읽어낼 것인가?

금리를 읽어내는 방법에는 여러 가지가 있고, 또 그 방법 중 어떤 것이 항상 정답이라고는 아무도 말할 수 없다. 내 경우도 지난 3년간 과거 시장을 분석하고 이를 현재 시장에 대입해 가장 적합하다고 생각되는 것들을 시중금리 예측의 도구로써 활용했다.

우리나라의 금리는 한국은행의 콜금리 결정에 따라 움직인다. 따라서 콜금리를 올리거나 내릴 때 적용되는 변수들을 1차적인 예상지표로써 활용해야 할 것이다. 한국은행이라는 중앙

은행이 금리를 결정할 때 사용하는 도구를 분석해보면 경기회복 또는 경기하강 속도이다. 이것은 여러 가지 경제지표들을 복합적으로 따져 해석하는데, 이미 주식시장 편에서 우리나라 경제에 중요한 영향을 미치는 몇 가지 변수들을 제시했었다. 이러한 경기판단 외에 다음으로 중요한 것이 시중의 물가동향이다. 물가상승이 지나치게 높아지거나 높아질 것이 예상되면 중앙은행은 인플레이션에 대한 우려 때문에 통화긴축을 단행하고 시중에 과다하게 풀린 부동자금 회수에 주력하는데, 이를 위해서 금리를 전격적으로 꾸준하게 인상해나가는 조치를 취하게 된다. 반대로 경기침체 등으로 저물가 상태가 유지된다면 안정된 물가를 바탕으로 경기회복에 주력하기 위해 금리인하 정책을 지속적으로 펼쳐나가게 된다.

가장 대표적인 사례가 일본의 경우이다. 90년초 주식과 부동산의 자산버블이 꺼지면서 경기가 급속히 침체하자 일본은행은 이를 방지하기 위해 제로금리(0%) 수준까지 금리를 떨어뜨렸고, 이를 2006년초반까지 유지했다. 물론 이미 언론 보도에서 본 바와 같이 일본 경제가 2005년 이후 빠르게 회복하는 모습을 보이면서 일본은행은 제로금리 중단과 금리인상의 의지를 보인 바 있다. 아마도 일본은행은 일본경제의 회복속도에 따라 금리인상을 지속적으로 전개해나갈 것이다.

그런데 금리라는 것이 한국은행의 콜금리는 변화가 없지만 시중에서 거래되는 시장금리는 하루에도 조금씩 바뀐다. 시장참여자들이 만들어내는 시장금리는 굉장히 빠르고 민감해서 한국은행의 금융통화위원회의 콜금리 동결이나 콜금리 인상·인하 조치가 나오기 전에 선제적으로 움직이는 속성이 강하다. 따라서 시장금리의 변화 추이는 채권투자를 염두에 두거나 채권투자를 계획하는 사람이라면 반드시 체크해야 하는 중요한 요소이다. 물론 시장금리가 올라갔다고 해서 한국은행이 반드시 금리를 인상시킨다고는 할 수 없지만 대체로 시장금리의 움직임은 크게 어긋나지 않는 편이다.

그러면 이런 시장금리를 어디서 볼 수 있을까? 가장 손쉬운 방법은 경제신

그림 4-1
경제신문에 매일 게재되는 주요 지표

제2부 투자시장의 비밀 읽기　155

문 하나를 구독해서 읽어보는 것이다. 경제신문을 펼쳐보면 2면이나 증권면 1면 좌측 또는 하단에 주요시세 또는 주요 시장 지표라고 해서 매일 게재된다.

그림에서 볼 수 있듯이 경제신문의 증권면에는 주식시장의 주요 주가지표를 비롯해, 채권시장의 움직임을 볼 수 있는 국고채, 회사채 수익률 및 시중은행들이 예금 및 대출 금리에 주로 활용하는 CD금리 및 시중 콜금리와 심지어 미국채 수익률까지 나와 있다. 최근에는 원자재가격 상승을 반영하여 유가와 금 등의 상품거래가격까지 보여주고 있다.

결국 재테크 투자를 계획하고 있는 사람이라면 최소 경제신문 하나쯤은 구독할 필요가 있는 셈이고, 시장의 주요시세의 흐름을 머릿속에 반드시 새겨두어야 시장의 흐름을 정확히 꿰뚫어 볼 수 있는 것이다. 그래서 나는 주위 사람들에게 경제신문의 구독을 적극 권장하고 있다. 1부 500원, 1달 12,000원의 구독료를 감안할 때 정말 적은 돈으로 엄청난 정보를 습득할 수 있기 때문이다. 이것도 아깝다며 인터넷을 통해 공짜로 정보를 얻겠다는 사람들을 보면 때로는 개인적으로 딱하다는 생각이 들 때가 많다.

향후 채권시장의 전망이 어두운 이유

따라서 일일 채권 수익률 변화와 금리흐름을 머릿속에 집어넣는 것이 채권투자의 핵심이다. 나는 지난 2005년 1월 9일에 강남의 모 호텔에서 투자세미나를 진행하면서 혹시나 보유하고 있는 채권이 있다면 월요일부터 즉시 매도할 것을 참석한 사람들에게 주문했다. 그 이후 정확히 3일 뒤인 수요일 금리인상에 대한 우려감으로 채권가격이 급격히 떨어져 채권시장이 공황상태에 빠져들었다. 이후 채권가격은 지속적인 하락안정세를 보이고 있는데, 이는 이미 우리가 살펴본 바와 같이 금리와 채권가격이 반대로 움직이는 속성이 있기 때문에 그런 것이다.

그럼, 어떻게 채권시장의 하락을 정확히 예상하여 채권매도를 권유할 수 있었을까? 내 경우 항상 일별로 채권 수익률과 시중금리 동향을 철저히 데이터화해서 컴퓨터에 보관해놓았다. 그리고 그 변화 흐름과 경제지표 및 시중 물가동향을 이용해서 시장예측에 적용했다. 앞서 예로 든 2005년 1월초 당시 제시했던 분석자료는 그림〈4-5〉와 같다.

이 분석자료를 살펴보면 시장의 금리가 아주 미미하게나마 상승하는 모습을 보이고 있다. 당시는 금통위를 4일 남겨둔 시점이었고 시장참여자들이 금리인상을 예측하고 있음을 알 수 있다. 또한 2004년 이후 지속된 유가상승으로 인해 물가상승 압

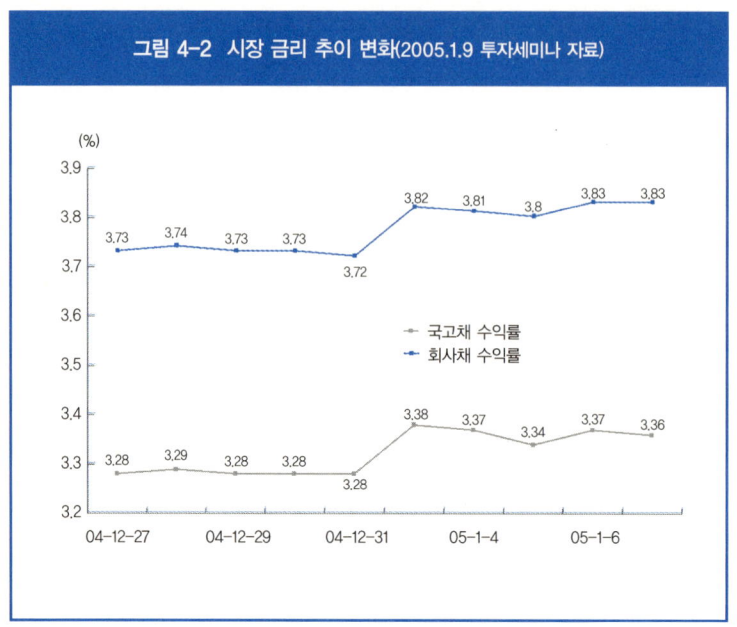

출처: BIBR In Labs

력이 존재하고 있는 데다 미국의 금리인상을 시발로 전 세계적으로 금리인상이 시작된 터라 우리나라만 예외로 금리를 인상하지 않을 수 없는 시점이었다. 따라서 채권에 투자중인 사람이라면 금리인상으로 인한 채권가격의 하락을 예상하고 보유 채권을 매도, 위험관리에 신경 쓸 필요가 있는 시점이었다.

    결론적으로 말하면 채권을 어떻게 사고팔아야 하는지의 기술적인 문제도 중요하지만 채권시장에 언제 진입해야 하는지를 아는 것이 채권투자의 핵심이다. 그러기 위해서는 금리의 변화와 추이를 예측해서 투자할 필요가 있고, 이에 따라 채권의 신규 매수 또는 매도를 결정해야 한다.

지난 5년간 금리 추이 변화를 살펴보면 향후의 정책방향을 어느 정도 가늠할 수 있을 것이다. 필자의 분석으로는 현재 금리의 추가적 인상이 지속적으로 이루어질 수 있다고 보여지므로 지금 채권을 보유하는 것은 바람직하지 않다고 판단된다.

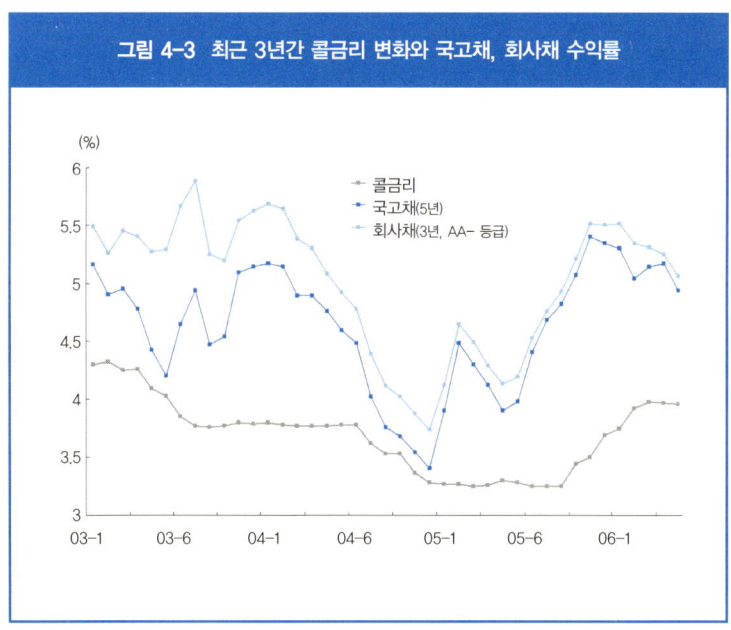

그림 4-3 최근 3년간 콜금리 변화와 국고채, 회사채 수익률

출처: 한국은행

제**3**부

한국의 3대 투자시장에 대한

전망과 투자전략

주식, 부동산, 채권시장의 진입 시기

Chapter 01

필자는 투자시장의 3대 축인 주식, 부동산, 채권시장을 파악하는 기술과 투자시점을 잡아내는 방법에 중점을 두고 글을 전개해왔다. 또한 투자전문가들보다는 일반투자자들이 쉽게 이해하고 핵심을 짚어갈 수 있도록 쓰려고 노력했다.

지금부터는 앞에서 설명한 것을 토대로 향후 부문별 시장 전망과 투자전략에 대해 설명하고 일반인들이 재테크를 성공적으로 해나갈 수 있는 방안에 대해 살펴보는 것으로 이 책의 마지막을 장식하고자 한다.

이 책이 출간될 무렵에는 전 세계 증시가 고점대비 상당한 하락을 진행하고 있을 것이다. 나는 지난 20년간의 미국과 한국의 물가상승률 및 금리에 대한 분석을 바탕으로 경제성장 과정 중 반드시 수반되는 물가상승으로 인해 4월을 지나면서 인플레이션 압력이 미국으로부터 전 세계로 확산되면서 이를 차단하기 위한 선제적이고 공격적인 금리인상이 진행될 것임을 금년 초 회원들에게 전달했다. 연초 제시한 금리인상의 폭은 미국의 경우 5.75%, 한국의 경우 4.75%까지였다. 그러면서 나는 이로 인해 유동성 축소가 전개될 것이며 주식시장에서 자금이 대거 이탈하는 사태가 전개될 것이므로 늦어도 4월중에는 주식시장의 투자자금을 회수해 금이나 CMA/MMF로 이동시켜야 한다고 강조했다. 인플레이션이 발생할 경우 이들이 최고의 안전자산이라 할 수 있기 때문이었다.

특히 미국 FRB의 신임의장인 버냉키의 경우 시장친화적 인물이지만, 그의 과거 경력을 살펴보면 1930년대 세계대공황을 연구하여 학위를 받은 적 있는 사람이다. 따라서 인플레이션에 대해 선제적이면서 공격적 대응을 모색할 것이고, 시장의 기대와는 달리 올 하반기까지 물가상승 압력이 지표로써 확실히 둔화될 때까지 금리인상을 지속적으로 단행할 것이라는 예측도 함께 제시했다.

더불어 선물옵션에 대한 이해와 투자에 자신이 있는 사람이라면 일부 자금으로 선물옵션이라는 파생시장에서 하락을 대비한 선물매도 또는 풋옵션매수를 하면 리스크가 적으면서 수익은 크게 발생할 것이라고 제시했었다. 물론 파생시장의 투자는 철저한 증거금 및 예수금 관리가 뒷받침되어야만 하기 때문에 나의 회원들 중에서도 소수의 사람만이 투자가 가능할 것이다.

주식시장 전망과 투자전략

주식투자를 생각하는 사람의 경우 2006년은 투자수익을 극대화하는 것보다는 리스크 관리에 중점을 두면서 철저한 후행적 투자를 해야 한다. 이번 시장의 하락은 크게 다음과 같은 2가지 위험을 내포하고 있다.

하나는 2000년초 닷컴 기술주의 붕괴로 인한 세계증시 폭락과 2001년 9·11 테러 및 2003년 3월 이라크전을 전후로 한 전 세계 경제의 일시적이고 급격한 수축 과정으로 억제되었던 물가상승 압력이 경제회복과 더불어 본격적으로 수면 위로 떠오를 것이라는 점이다. 이에 따라 경제회복 여부에만 집착한 대다수 증시전문가들의 허(虛)를 찌르고 나타나는 인플레이션 공포가 수개월간 진행될 것이다. 그러나 인플레이션은 가능성에 대한 우려이지 그 정도가 완만하게 진행되어 결국 시장에서 터질

가능성은 거의 없을 것으로 보인다. 미국 경제대통령으로 불렸던 전 FRB의 그린스펀 의장은 이미 이를 대비키 위해 지난 2004년부터 지속적인 금리인상을 단행해왔고, 이것은 경제회복에 기반을 둔 금리인상이 아니라 수년간 경제하락으로 인해 억눌려왔던 시장의 물가상승 압력을 초기에 차단하기 위해서였다. 따라서 신임 버냉키 의장의 금리인상은 약 2~3차례 더 이어진 후 중단될 것으로 보인다.

그러나 여기서 주의해야 할 점은 인플레이션 압력이 시장에서 완전히 사라질 때까지는 절대로 주식시장에 먼저 발을 들여놓을 필요가 없다는 사실이다. 참고로 우리나라의 경우 1982년 종합주가지수 100P를 기점으로 인플레이션에 의한 시장급락을 경험한 적이 없어 미국보다 조정(하락속도와 폭)이 더 가파르고 오래갈 것이다. 과거 역사를 보면 주식시장은 경험하지 못한 악재를 받을 경우 대부분 전문가들의 하락 예상치를 비웃으면서 추가하락을 전개해나갔다. 예를 들면 9 · 11 테러 같은 경우이다. 당시 전 세계 증시는 단기간에 쑥대밭이 되어버렸다.

또 하나의 위험은 앞서 제시한 각종 경제지표의 순환 사이클 상 2006년초 이후 최소 연말까지 경기의 일시적 하락이 나타날 거라는 점이다. 특히 독일 월드컵 이후 사람들의 관심이 일상으로 되돌아올 무렵이면 상당한 경기침체가 전개되는 것을 체감적으로 느낄 것이다. 이에 따라 2006년 하반기 기업의 설비투자와 고용이 동시에 줄어들면서 2002년 한일 월드컵 이후 우리 경제가 경험했던 일시적이고 강력한 경기침체를 다시 겪을 수 있다. 주식시장은 곧 경제이기 때문에 앞서 제시한 금리인상으로 인한 유동성 축소 과정은 차치하고라도 경제하락이 본격화되느냐, 아니냐는 논란이 가열되면 시장은 확인이 끝날 때까지 급격한 상승을 도모하기 어려워진다. 따라서 증권을 발행한 각 기업들의 실적도 일시적 경기침체에 따라 2분기는 물론이거니와 3분기까지 실적악화가 지속될 것이다.

그러나 금년말이 되면 그간 주식시장을 괴롭혔던 인플레이션과 경기하락이라는 먹구름이 서서히 걷히면서 빠르면 11월 이후 주가가 재상승을 시도할 것이다. 이번 경기하락의 저점은 경제지표상으로 오는 12월이나 내년 1월일 것으로 예측되는데, 주식시장은 이보다 먼저 상승을 모색하기 시작할 것이므로 연말쯤 주식투자를 재개할 필요가 있다.

문제는 2006년초까지는 소위 펀더멘털 저평가로 인한 적정 가치를 찾아가는 과정이었기 때문에 우량주에만 투자하면 어느 정도 수익을 내기 쉬운 장세였으나 다시 전개될 상승장은 대부분의 주식들이 적정 밸류에이션을 갖춘 뒤여서 일반투자자의 경우 직접 투자 시 종목선택에 상당한 어려움을 겪을 것이고 시장수익률을 쫓아가기 어려울 것이라는 점이다. 따라서 뛰어난 투자전문가나 금융자산관리사 등의 조언자를 옆에 두거나 좋은 간접투자상품을 선택하는 것이 바람직할 것이다.

대개 일반인의 경우 단기간의 고수익을 꿈꾸다 보니 시장을 이해하고 소화하여 안정된 투자수익을 지속적으로 추구하기보다는 소위 초단기 고수익이 가능하다는 종목 찍어주기 식 서비스를 찾는 데 혈안이 되어 충분히 검증되지 않은 투자전문가나 업체를 찾아다니며 상당한 금전적 비용과 시간을 보내곤 한다. 하지만 올 연말 이후부터 전개되는 주식시장은 이러한 방법으로는 수익을 내기가 점점 더 어려워질 것이다.

간접투자를 택하는 경우 적립식보다는 거치식 펀드가 수익률 면에서 앞설 것으로 전망되며 펀드를 고를 경우 설정일 이후의 누적 수익률에 현혹되지 말고 1개월, 3개월, 그리고 최근 6개월간의 수익률을 보고 선택하는 게 좋다. 대개의 증권사나 자산운용사들은 펀드설정일이 2001~2004년인 자료를 가지고 최고의 수익률이라고 유혹한다. 하지만 여러분들이 이 시기에 삼성전자 주식을 사서 시장의 상승과 하락에 신경 쓰지 않고 보유했다면 장담컨대 각 투자기관이 제시하는 수준의 수익률에 근접한 수익률을 거두었을 것이다.

따라서 펀드를 선택할 때 중요한 것은 급격한 하락장에서도 얼마나 리스크 관리가 뛰어나냐는 점이고 이것이 여러분들의 소중한 자산을 지켜줄 것이다.

부동산시장의 전망과 투자전략

부동산시장의 경우 정부의 강력한 세금정책과 수요 억제 정책에 의해 일시적으로 침체를 겪을 수 있다. 그러나 2부에서 제시한 데이터에서 볼 수 있듯이 빠르면 오는 하반기부터 서울과 수도권을 중심으로 30평형대 이하와 40평형대 이상의 아파트에서 수요와 공급의 괴리율이 나타나며 양극화가 빠르게 진행될 것이다. 즉 30평대 이하의 중소형 아파트 시장의 경우 정부의 정책이 어느 정도 성공적으로 이뤄지면서 비인기 주거지역은 매매가격 하락 안정세가 앞으로 계속 진행될 것이다. 이는 지난 수년간 소형평수의 공급이 꾸준히 증가하였고 다가구중과세를 회피하려는 투자자들의 선택과 집중의 원칙이 적용될 것이기 때문이다.

그러나 소위 38평 이상 중대형 아파트의 경우 생활여건 상승으로 인한 수요증가가 크게 늘어나는 데 비해 공급은 수년간 크게 줄어들고 있어 오는 9월 전형적 이사철 성수기와 판교 중대형 청약 개시와 맞물리면서 7~8월 일시적 소강기를 거쳐 다시 급격히 상승할 가능성이 매우 높다. 특히 서울의 일부 인기

지역의 경우 재건축 강화로 인한 공급의 절대부족 상황으로 들어가면서 중대형평형의 희소가치가 점차 비인기 주거지역으로까지 확산될 가능성이 매우 높은 상황이다.

따라서 주택구입을 고려하고 있는 실수요자 중 중소형평형을 생각한다면 거주편이성과 학군 및 지역개발 재료를 종합 검토하여 매수시점을 천천히 잡아도 무리 없을 것이고, 투자목적이라면 중소형평은 피하는 것이 좋겠다. 반면 가족수나 소득수준이 높아 좀더 넓은 집을 구하고자 한다면 7~8월 비수기가 최상의 매수시점이 될 것이다. 최근 금리인상이 이어지고 있으나 정부의 콜금리가 내가 예상하는 4.75% 수준에 도달한다고 하더라도 이것은 지난 2001년 부동산 파동이 시작되었던 시기의 금리와 같은 수준이므로 금리인상으로 주택구입 억제가 충분히 이뤄질 것이라는 것은 시장의 수요를 전혀 무시한 예측이다.

즉 시장의 선호도가 중대형으로 움직이고 있는데, 이러한 물량공급이 부족하다면 결국 공급부족으로 인한 투기적 가수요까지 확산될 가능성이 높다. 결과적으로 금리인상으로 인해 피해를 보는 쪽은 일반적 중산층 이하 국민주택뿐이다. 왜냐하면 국민주택 시장은 철저한 실수요를 기반으로 하고 있고 주로 장기대출을 통해 주택을 구입하므로 금리인상이 진행되면 대출금 상환에 치명적이기 때문이다. 따라서 투자와 실수요를 고려

한다면 중대형 아파트로 선택하는 것이 좋다.

　　최근 버블세븐이라고 정부에서 거품주장론을 내세우고 있는데, 시장에서는 이 의견에 대해 논란이 많다. 심지어 이 책을 읽고 있는 여러분들까지 상당히 혼란스러울 것이다. 그러나 2부에서 지적했듯이 투자는 정확한 기본적 데이터에서 출발하고 그것이 지난 수십 년간 어떤 정책이나 소문에도 흔들리지 않았음을 볼 수 있었다. 과연 부동산시장이 버블이고 그래서 여기서 하염없이 바로 추락을 할 것인가? 나는 아직은 전혀 그럴 가능성이 없다고 말하고 싶다. 2부 부동산시장의 숨은 비밀에서 나는 시장의 양극화가 나타날 가능성에 대해 제시했었는데, 이에 대한 추가적인 입증자료로 다음의 신문기사 몇 개를 제시하겠다.

출처: 《한국경제신문》 2006년 6월 20일자

그림 1-2 용인 뺀 '버블식스' 올해 공급부족 – 공급대책 없어 가격조정엔 한계 있을듯

A22 한국경제 **부동산1**

용인 뺀 '버블식스' 올해 공급부족

6곳 2100여 가구 불과 – 용인은 2만8282가구 분양

정부가 지목한 '버블세븐' 지역 가운데 용인을 제외한 서울 강남·서초·송파·양천(목동) 4개구와 분당·평촌에서 올해 달까지 공급되는 아파트는 2100여가구에 불과한 것으로 나타났다. 이에 따라 이들 지역의 수급 불균형을 개선할 적극적 공급대책 없이는 '거품' 논란이 빚어지고 있는 가격이 조정되는 데 한계가 있다는 지적이 제기되고 있다.

공급대책 없어 가격조정엔 한계 있을듯

22일 부동산정보업체인 부동산114 조사결과에 따르면 올해 강남3구(강남 서초 송파)를 포함한 버블세븐 지역에서 55개 단지 총 3만466가구가 공급될 계획이다.

그러나 택지지구 등 택지지구가 많이 있는 용인에 전체 물량의 92%인 2만8282가구가 몰려 있어 강남3구와 양천구에서는 외곽 지역을 중심으로 2184가구만 공급되고 분당과 평촌은 아예 물량이 없는 것으로 분석됐다.

◆**강남3구 공급 부족 여전**

올해 달까지 강남3구에서 분양 예정인 아파트는 1373가구에 불과한 것으로 나타났다.

강남구에서는 한화건설이 논현동 남강삼진연립을 재건축해 공급하는 46가구(31~44가구)가 전부다. 송파구에서는 동부건설이 오금동에서 120가구(석우시장 재건축), 벽산건설이 장지동에서 436가구 등 556가구에 이른다. 서초구에서는 롯데건설의 서초동 삼익2차 재건축(286가구)을 포함해 잠원·방배·서초동 등 4개 단지에서 771가구가 공급된다.

양천구에서 공급되는 주택도 811가구에 불과하며 그나마 목동은 물량이 없다. 분당과 평촌은 전 지역을 통틀어 공급 물량이 전무하다.

김기정 부동산114팀장은 "신도시인 분당·평촌과 계획도시인 목동신시가지는 주택건설과 기반시설 건립이 사실상 마무리돼 올해 이후로도 신규 분양이 없을 것"이라고 말했다.

다, 다만 용인은 흥덕·구성지구와 성복동 등에서 2만8000여가구에 이르는 대규모 공급이 선보일 예정이다. 그러나 용인은 판교 이후로 집값이 많이 올랐지만 최근 미분양에 대한 우려가 커지고 있어 강남권의 수요를 흡수하기에는 역부족인 것으로 분석되고 있다.

◆**공급 확대 없이는 가격조정 한계**

전문가들은 이같은 버블세븐 지역의 신규 공급 물량으로는 수급 불균형에 대한 우려를 해소하기 어렵다며 수급 대책이 필요하다고 지적하고 있다.

홍용진 해밀컨설팅 사장은 "강남권 등지는 교육여건 등이 뛰어나 진입하려는 대기 수요가 항상 넘쳐난다"며 "집주인들도 수요는 많은데 공급이 달리는 것을 알기 때문에 호가를 내리지 않고 있는 것"이라고 실명했다.

전문가들은 수급 불균형 우려를 해소하기 위해서는 강남지역 광역개발을 가속화해 대체 주거지를 조성하거나 개발이익 환수장치가 마련된 만큼 아예 강남권 재건축 규제를 푸는 등의 방안을 고려해야 한다고 조언했다.

김신조 내외주건 사장은 "용인은 공급 과잉이 우려될 정도로 분양이 많은 반면 수요는 제한적일 것으로 예상된다"며 "구체적인 강북 광역개발 플랜이 빨리 나와야 한다"고 강조했다. 고준석 신한은행 부동산재테크팀장은 "올 연말까지 강남권에 그나마 공급되는 물량의 상당수는 재건축이 것이 현실"이라며 "개발이익을 적극 환수하면서 재건축 사업 자체는 길을 터주는 것이 필요하다"고 지적했다.

서욱진 기자 venture@hankyung.com

올해 '버블세븐' 지역별 공급예정 물량 (단위: 가구)

강남구	서초구	송파구	양천구	용인	분당	평촌
46	771	556	811	28,282	0	0

올해 서울 강남3개구와 양천구 주택 공급물량

지역	아파트	가구수 평형	시기	시공사	문의
강남구 논현동	남강삼진(동의2관)	46 31, 39, 44	2006.05	쌍용건설	02)1729-9134
서초구 잠원동	잠원신반포플러스	120 32	2006.12	한신공영	02)3393-3319
서초구 방배동	동부센트레빌	240 54-59	2006.10	동부건설	02)3484-9497
	방배3차임	131 미정	2006.07	동부건설	02)565-7744
서초구 서초동	롯데캐슬	286 *	2006.12	롯데건설	1688-9500
송파구 오금동	동부센트레빌	120 32	2006.06	동부건설	02)3484-9657
송파구 장지동	장지단독(부분임)	436 미정	2006.09	벽산건설	02)767-9174
양천구 신월동	현대홈타운	242 *	2006.07	현대건설	02)555-7744
양천구 신월동	롯데캐슬	215 23, 32	2006.06	롯데건설	1688-9500
	순 공급가(호)	354 28, 30, 32 34, 42	2006.12	주상복	(060)783-3000

자료: 부동산114

출처: 〈한국경제신문〉 2006년 5월 23일자

부동산시장 차별화 심화

부동산시장이 갈수록 차별화되고 있다. 주택시장은 지역별, 평형별로 선호도가 크게 갈리고 있으며 분양시장도 '되는 곳만 되는' 양상을 보이고 있다. 토지시장도 토지거래허가구역 등의 규제가 없는 지역을 중심으로만 매수세가 몰리고 있다. 전문가들은 세금 부담이 커지면서 한정된 수요자만 움직이다 보니 상품에 대한 선택과 집중 현상이 나타나고 이 같은 경향은 앞으로도 지속될 것으로 내다보고 있다.

◇ 주택시장, 지역별·평형별 차별화＝지난 2001~2003년에는 강남 재건축단지를 중심으로 한 가격 급등 현상이 강남 이외의 다른 지역 아파트에도 영향을 미쳐 동반상승했고 지난해에는 정부의 각종 집값 안정대책으로 대부분 지역이 약보합세였다. 하지만 올해는 이 같은 동조 현상이 깨지고 있다. 강남권 재건축과 용인, 분당 등만 급등하고 나머지 지역은 보합세에 머물러 있는 것이다.

부동산114에 따르면 올 들어 현재까지 강남권 재건축단지의 가격 상승률은 강남구 10.59%, 강동구 13.82%, 송파구 17.70%, 서초구 8.20%인데 반해 강남권도 재건축을 제외한 일반 아파트값 상승률은 강남구 3.30%, 강동구 1.54%, 서초구 2.74%, 송파구 5.25% 등으로 차별화가 심해졌다.

평형에 따른 집값 상승률도 큰 차이를 보이고 있다. 서울 일반 아파트의 올해 평형별 집값 상승률은 20~30평형이 1%인데 반해 50평형 이상은 3.43%를 기록, 큰 평형일수록 집값 상승률이 높았다.

아파트 분양시장도 마찬가지다. 지난달 인천 1차 동시분양과 동탄신도시 3차 동시분양, 서울 동시분양 등에서는 대형 건설업체의 대단지에는 청약자가 대거 몰리는 반면 입지 조건이 떨어지는 소규모 단지는 대거 미분양 사태를 빚었다. 실제로 최근 분양한 '용산파크타워'와 '여의도자이'는 수천 명의 청약자가 몰리며 1순위에서 모두 마감됐다.

내집마련정보사 김영진 사장은 "각종 규제로 아파트에 대한 투자매력은 떨어졌지만 고급아파트에 대한 고소득층의 선호도는 갈수록 커지고 있다"면서 "이 같은 경향은 앞으로도 지속될 것"이라고 말했다.

◇토지시장, 규제 없는 곳만 '들썩' =지난해 행정수도 이전, 기업도시 건설, 고속철도 개통 등의 호재로 전국이 땅투기 열풍에 휩싸이다시피 했던 것과는 다른 양상을 보이고 있다. 이는 호재지역으로 각광받던 지역 대부분이 허가구역으로 묶였기 때문이다.

행정중심복합도시가 들어서는 충청권의 분위기가 예전 같

지 않다. 충청권 대부분이 토지거래허가구역으로 묶여 외지인의 거래가 거의 불가능한 데다 지난해 땅값이 많이 올랐기 때문이다.

연기군 조치원읍 관계자는 "토지거래허가구역내 농지는 외지인의 취득 요건이 강화돼 현지인들이 주로 찾고 있으며 외지인들은 토지거래허가를 받지 않아도 되는 도시지역 내 토지만 찾고 있지만 가격이 비싸 거래는 많지 않다"고 말했다.

기업도시 후보지로 거론되며 땅값이 급등했던 전남 해남, 영암, 무안군도 지난달 말 토지거래허가구역으로 지정된 뒤로는 매수세가 사라졌다.

반면 강원도 횡성과 경기도 연천, 철원 등 각종 규제에서 자유로운 지역들은 매수세가 몰려들고 있다. 원주가 기업도시 및 공공기관 이전 등을 호재로 땅값이 급등함에 따라 최근 토지투기지역으로도 지정되면서 규제가 없는 횡성으로 발길을 돌린 것이다.

연천과 철원은 파주신도시 토지보상비가 풀리면서 토지시장이 들썩이고 있는데 연천은 지난해 공시지가 상승률이 전국 최고인 123%를 기록했다.

〈파이낸셜뉴스〉 2005년 4월 14일자

많은 사람들이 부동산 거품이냐 아니냐, 또 정부의 정책이 먹힐 것이냐 아니냐에 대해 고민하는데, 단편적으로 제시한 3개의 신문기사 자료만 보더라도 부동산시장이 평형별 양극화가 빨리 진행되고 있다는 것과 특히 수요자들의 중대형평형 선호도가 급격히 늘어나고 있다는 것을 금방 알 수 있다. 여기에 2001년 이후 전국을 부동산 열풍에 휩싸이게 한 주역이었던 인기지역들의 경우 공급부족 현상이 심화되고 있다는 점에서 앞으로 시장이 어떻게 진행될지 예상해볼 수 있을 것이다.

어떤 이는 최근 금리인상이 진행되고 있어서 부동산 경기가 위축될 것이라는 논리를 펴고 있는데, 나는 금리 때문에 시장이 위축되기는 어렵다고 본다. 그 이론적 근거는 현재의 콜금리 수준과 은행의 대출금리를 결정하는 3개월 CD금리의 수준이 부동산 파동이 나타났던 2001~2002년에 아직 못 미치고 있다는 것이다.

즉, 금리가 올라 부동산시장이 위축된다면 지금보다 금리가 훨씬 더 높았던 2001~2002년 당시에는 부동산 버블이 형성되지 못했어야 하지 않겠는가? 다만, 현재 시행되고 있는 정책 중 과거와 달리 담보대출 비율을 대폭 축소하여 무작위 대출로 인해 투기적 가수요가 발생할 소지는 차단되어 있다는 것이 다른 점이고, 이것은 분명히 시장 전반에 영향을 미치고 있는 것으로 분석된다.

　　결국 현재 시점에서 막연한 기사거리나 정보로 판단을 할지 아니면 정확한 시장 이해를 통해 합리적 데이터를 가지고 판단할지는 자신의 몫이다.

　　오피스텔이나 상가에 투자하는 경우 오피스텔은 지난 2001~2003년까지 아파트 시장의 활황과 더불어 물량공급이 급속도로 이뤄졌다. 즉 현재 공급이 수요를 훨씬 초과한 상황이다. 이에 따라 지금도 하향세를 이어가고 있는 오피스텔의 가격은 향후에도 해결될 기미가 전혀 보이지 않는다.

　　상가투자의 경우 오는 연말 경기회복세와 더불어 되살아날 것으로 분석되는데, 문제는 정부와 서울시의 뉴타운 재개발로 인해 시장의 상권변화가 급속도로 바뀔 것이라는 데 있다. 이미 서울 청계천의 경우 그간 정말 별볼일 없던 청계고가 및 상권이 핵심상권으로 급격히 부상했다는 것을 봐도 잘 알 수 있다. 따라서 전반적인 상가투자는 크게 문제가 없을 것이나 상권의 극심한 변화로 인해 투자리스크는 예전보다 더욱 증폭될 것이다.

채권시장 전망과 투자전략

채권시장의 경우 금리인상이 지속됨에 따라 채권가격의 하락이 진행되어 투자매력이 더욱 떨어질 것이다. 또한 시장의 자금 흐름이 주식과 부동산으로 쏠림에 따라 향후 수년간 투자 수익률은 전체 시장에서 가장 뒤쳐질 것으로 예상된다. 따라서 채권투자를 계획하고 있다면 이는 한참 뒤로 미루는 게 좋다. 반면 채권을 보유하고 있는 투자자라면 2006년 5월부터 10월 사이가 보유물량을 처분할 마지막 기회라고 본다. 그래서 필자는 이 책에서 채권시장을 읽는 방법에 대해서는 주식이나 부동산에 비해 설명을 대폭 줄여놓았다.

자산 포트폴리오를 어떻게 구성해야 할까

결론적으로 말하면 자산 포트폴리오는 2006년 10~11월까지는 가급적 보수적으로 운용해야 하며 이 시기에는 수익을 크게 얻으려 노력하지 말고 CMA나 MMF 및 은행의 단기 고금리 상품에 자금을 맡겨 놓을 필요가 있다. 특히 이 책을 읽게 될 일반투자자들은 대개 시장의 주도자가 아닐 것이므로 굳이 주식시장에 서둘러 진입하기보다는 앞서 제시한 시장을 보는 방법에 의거해 시장의 조정을 확인 후 진입해도 늦지 않을 것이다.

부동산 투자의 경우 자신의 자산현황을 참고해야 하므로 일반적 제시가 어려우나 확실한 것은 아파트의 경우 중대형에 투자하는 것이 리스크가 적으며 부동산시장의 특성상 일단 가격이 상승을 했다는 소문이 돌면 매도자가 물건을 거두어버리므로 주식시장과 달리 확인투자보다는 시장 수급을 통한 선취매 투자전략이 바람직하다. 즉 주식과 부동산 및 CMA/MMF를 잘 활용하여 시장의 변화에 따라 비중을 조절하는 것이 향후 수년간 실패하지 않는 투자가 될 것이다.

필자는 개인적으로 만일의 위험에 대비해 지난 2005년초에 요즘 인기있는 변액 유니버셜 보험을 가입해두었다. 변액 유니버셜보험의 장점은 보험의 본 기능을 충실히 수행하면서(물론 특약가입을 적절히 활용했을 때이다) 자신의 보험료를 투자로 활용하여 만기나 중도해지 시 수익금을 최대로 늘릴 수 있다는 것이다. 내 경우를 예로 들면 나는 지난 3년간 각 투자시장을 정확히 예측하고 꿰뚫음으로써 변액보험의 경우 내 보험금의 펀드 투입 비율과 적립금을 주식에서 채권으로 또는 MMF로 적절히 변경시키면서 지난 1년간 19.5%라는 운용수익률을 거뒀다. 참고로 변액보험의 경우 연간 운용수익률이 15%에 이르면 5년 뒤 누적수익률이 100%에 이르러 중도에 해지를 해도 보험금 전액을 모두 회수할 수 있다.

혹시 보험에 가입하지 않았거나 현재 보험액이 자신의 월 수입액의 9% 미만이라면 변액유니버셜 보험 가입을 통해 장기적 관점에서 위험관리와 수익관리라는 두 마리 토끼를 모두 쫓을 수 있을 것이다.

최고의 기회 잡을 것인가 흘려보낼 것인가

Chapter 02

주목해야 하는 사실 중 하나는, 현재 각 부문별 투자기상도를 확인하고 예측해본 결과 전 세계적으로 최고의 투자기회를 맞게 될 것이라는 점이다. 이를 보여주는 확실하면서도 단편적인 예는 전 세계 부동산 자산 가치 상승이 과거와는 달리 동반 상승을 하고 있으며, 여기에 세계 경제 상승이 가세하면서 지난 99년처럼 세계 증시 상승이 동조화되어 진행되고 있다는 점이다. 지속적인 금리인상이 단행된다는 가정 하에 채권시장을 제외한다면 여러분들은 현재 최고의 투자기회를 잡고 있는 것이다.

    내가 3년 전 직장인이라는 울타리를 벗어던지고 그간의 노력으로 쌓은 금융지식과 투자실력을 토대로 투자시장에서 창업을 하게 된 동기에는 바로 이런 투자시장의 장기간 급격한 확대와 투자기회를 예상했기 때문이다.

안타까운 사실은 주변을 둘러보면 투자가 위험한 것이고, 경기가 체감적으로 좋지 않다면서 아직도 적극적 투자를 미루거나 망설이는 사람들이 많다는 점이다. 그들은 시장을 읽고 이해하기보다는 자신만의 비논리적 아집과 얄팍한 금융지식으로 시장이 버블이라고만 외치면서 과거 어느때보다 현저히 떨어진 은행의 금리만을 한탄하기에 급급하다.

물론 주식이나 부동산시장 모두 적정 가치를 넘어서는 버블이 형성중임을 부인하지는 않는다. 그러나 이 자산 버블은 급격한 단기 조정기와 확산기를 거치면서 앞으로도 상당 기간 더 커질 것이다. 버블의 붕괴는 반드시 나타날 것이나 적어도 지금부터 2~3년은 투자의 기회가 리스크보다 더 높다.

이러한 투자기회를 진취적으로 이용해 금융부자의 반열에 올라설지, 아니면 시장을 부정하며 금융자산의 상대적 빈곤 속에서 허우적거릴지는 지금까지 책을 읽어오며 여러분 스스로 결정했을 것이다. 모르고 도전하는 투자는 위험을 필연적으로 수반하나 제대로 알고 도전하는 투자는 기회를 극대화시킨다.

이 책을 읽는 동안 아직도 확신이 서지 않고 불안하다면 정당한 수수료를 지불하고 여러분들 곁에 뛰어난 투자전문 조언가나 금융자산관리사를 두어라. 그들의 조언에 귀를 기울이고 이 책에서 얻은 지식을 바탕으로 여러분들 스스로 합리적인 투자를 해나간다면 분명히 지불한 수수료의 몇 배에 이르는 투자수익을 거둘 것이다.

대박은 없다
Chapter 03

대개 일반투자자의 경우 투자금액이 적어서 포트폴리오를 구성할 수 없다는 불평을 하곤 한다. 하지만 내가 상담하고 분석한 경험을 토대로 볼 때 이는 투자자금이 적어서가 아니라 욕심이 앞서기 때문이다. 현재 은행이자는 연 5%가 채 되지 않는다. 따라서 연간 10% 이상의 수익을 꾸준히 올리는 데 초점을 맞춰도 상당히 성공하는 셈이다.

전설적인 투자가 워렌 버핏의 경우 주식 몇 주로 시작해 현재 세계 2위의 부자가 되었으나 그가 투자한 시점의 상황과 우리가 놓인 시점은 확연히 다르다. 또한 워렌 버핏은 주식투자만 계속해나간 게 아니라 채권, 외환 및 일부 파생상품까지 광범

위하게 포트폴리오를 구성해 연 15% 남짓 되는 수익을 얻고 있으며 그것에 만족해하고 있다.

그런데 일반 주식투자자의 경우 자신의 투자실력과 지식 정도는 전혀 고려하지 않은 채 1,000만 원으로 1년 안에 1억을 만들겠다는 식의 대박을 꿈꾸곤 한다. 그러나 종국에는 1년 안에 투자수익이 늘어나기는커녕 오히려 원금조차 유지 못하는 경우가 많다. 이는 투자와 투기를 혼동하기 때문에 나타나는 현상이다.

현 시점은 주식 투자자나 부동산 투자자 모두 혼돈을 느낄 수 있고 앞으로의 상황 예측도 불투명할 것이다. 하지만 분명한 것은 현재가 경제 회복기를 지나 상승기에 이르기 전 반드시 거쳐가는 휴지기라는 점이다. 따라서 앞서 제시한 바와 같이 현재 투자시장의 시계가 어디쯤 지나고 있고 나침반은 어느 방향을 가리키는지 확실히 들여다볼 줄 알아야 한다. 앞에서 설명했듯이 내 분석에 의하면 투자시계는 아직 12시를 지나지 않았으며 나침반은 북쪽을 가리키고 있다. 따라서 투자=대박의 환상을 접고 투자에 임한다면 앞으로도 상당한 수익률을 낼 수 있는 시기라고 할 수 있다.

마지막으로 현 시점의 투자에 있어 반드시 주의해야 할 점은 상당한 선진 금융공학으로 무장한 외국인들이 시장개방에 따라 그 영향력을 확대해나가고 있고, 동시에 인터넷의 발달로 인해 세계화가 급속도로 진행되고 있으므로 과거의 단편적인 투자방법으로는 사실상 더 이상 성공하기 어려워졌다는 사실이다.

특히 주식투자의 경우 한때 시장을 휩쓸었던 재야의 숨은 고수들을 만나보면 과거에 흔히 쓰이던 차트에 의한 기술적 분석으로는 시장 대응이 어려워졌다는 하소연을 많이 들을 수 있다. 아마 이 책을 읽고 있는 소위 주식투자를 좀 한다는 일반투자자라면 이 말에 공감을 하고 있을 것이다. 과거에는 맞던 차트 분석법이 지금은 잘 맞지 않는다면 그것은 기술적 분석법이 뒤쳐져서가 아니라 우리시장이 이제 점점 선진금융시장으로 바뀌고 있기 때문이다.

부동산시장 역시 과거에는 각종 재료나 정보에 의해 투자 수익을 거둘 수 있었다면, 이제는 정확한 시장 데이터에 근거한 투자가 안정적인 수익을 거둘 수 있는 시장으로 변모하고 있다. 그런데 대다수의 투자자들은 아직도 구태의연한 방법에 얽매여 시장에 접근하고 있다.

한때 주식시장이 좋을 때 시장에 대해 설명하면서 차트를 잘 이해하고 수급을 잘 분석하면 시장에 충분히 대응할 수 있다는 논리를 펴는 사람들을 볼 수 있었는데, 이들의 경우 지난 2004년 4월 단기 대폭락장과 최근 시장에서 엄청난 투자손실을 보고 숨어버린 것을 나는 주변에서 심심치 않게 보았다. 사실 나도 2002년 이전에는 기술적 방법을 동원해 투자수익을 거두기도 했다. 내가 이런 방법을 버린 가장 큰 이유는 아무리 그래봐야 시장을 주도하는 외국인투자자나 기관투자자를 따라다닐 뿐이지 그들과 같이 판단하고 실행에 먼저 옮기는 것이 불가능하다는 사실을 깨달았기 때문이다.

주위에서 흔히 하는 말이 외국인이 주식을 사니 올라가고 팔면 내려간다고 한다. 그럼 그들이 앞으로도 계속 살지 팔지는 어떻게 알아낼 것인가? 그들이 팔거나 사는 추세를 며칠간 보고 나서 결정한다면 이미 그때는 주가가 한참 상승했거나 폭락한 뒤일 것이다. 그러니 제대로 수익을 보고 리스크를 관리할 여유가 없다. 이 말을 부정할 사람은 없을 것이다.

결국 이처럼 외국인투자자가 시장에서 가장 큰 영향력을 발휘한다면 그들이 무엇을 보고 시장을 빠져나갈 것이고 들어올 것인지 찾아야 한다. 그들도 결국 각종 지표와 기업실적에 근거해 판단을 내린다. 물론 그들도 지표 분석과 예측 또는 기업실적 전망치가 빗나가면 투자손실을 본다. 기업분석 실패로 투자에 실패한 대표적인 예가 세계적으로 가치투자를 지향한다는 템플턴이 지난 2003년말 LG카드에서 50% 이상의 투자손실을 본 것이다. 그러나 템플턴의 경우 LG카드에 모두 올인하여 투자한 게 아니고 적절한 포트폴리오를 구성하였기 때문에 2003년의 LG 카드에 대한 투자실패에도 불구하고 결과적으로는 좋은 수익을 거뒀다.

결론적으로 투자의 기회는 앞으로 크게 열려 있고 이는 향후 수년간 지속될 것이다. 단 한 번에 대박을 노리는 투자를 생각하지만 않는다면 대부분의 투자자들은 시장수익률 이상의 좋은 투자결과를 꾸준히 거둘 수 있을 것이다. 아무쪼록 이 책을 통해 많은 사람들이 '좋은 투자를 통해 최상의 투자결과를 얻기(BIBR, Better Investment Best Result!)'를 기원한다.

맺음말

　이 책이 계획되어 집필의 과정을 거쳐 출간이 되기까지 어느덧 일년이라는 시간이 흘렀다. 그 동안에도 나는 투자회사를 운용하면서 나름의 괜찮은 수익을 거뒀으며 우리 회사를 믿고 자금을 투자한 많은 회원들에게 꽤 좋은 수익을 안겨줄 수 있어 참으로 기쁘다. 하지만 한국 시장뿐 아니라 세계 시장까지 두루 살피며 분석하고 투자를 하다 보니 눈코 뜰 새 없이 바빴고 솔직히 책의 집필에만 매진하기에는 다소 소홀했던 점이 없잖아 있다. 만일 독자 중 100% 만족하지 못하는 사람이 있다면 그 원인은 아마도 이 때문일 것이다. 혹시라도 그런 독자가 있다면 이 자리를 빌어 양해의 말씀을 구하고 싶다.
　　어쨌든 나는 전문 투자자이며 내 이름을 걸고 회사를 운영하고 있는 사람이다. 당연히 내 일에 있어 주가 되어야 할 것은 나를 믿고 소중한 재산을 맡겨준 회원들을 위해 투자 수익을 최대한으로 높이는 것이다. 사실 처음에 집필 제의가 들어왔을 때 조금 망설였었다. 투자분석만으로도 시간이 부족한데 과연 책까지 쓸 여력이 있을지 다소 확신이 서지 않았기 때문이다. 하지만 시장에서 속수무책으로 당하기만 하는 일반투자자들을 보면서 해주고 싶은 말이 많았다. 그래서 일단 집필 제안을 수락했던 것이다. 내 의도가 책에 잘 녹아 있어 최대한 많은 일반투자자들이 투자의 기본에 대한 시각을 갖출 수 있다면 더할 나위 없이 좋겠다.

앞으로의 시장은 좀더 기본적인 분석 위주로 전개될 것이다. 대개 이러한 것들은 기관투자자들과 외국인투자자들의 전유물로 간주되곤 하는데, 사실 일반투자자라고 해서 기본적 분석을 하지 못하리라는 법은 없다. 물론 거액의 자금을 쥐고 움직이는 기관 및 외국인투자자들만큼은 따라가기 힘들겠지만 아주 단순하고도 기본적인 시장의 원리 정도는 일반인들도 얼마든지 섭렵할 수 있다. 나는 이런 접근법을 찾아 헤매던 초기에 신문지상에서 그 열쇠를 발견했다. 즉 일반인들도 신문에서 정말 챙겨야 하는 정보를 놓치지만 않는다면 어느 정도 시장을 꿰뚫는 혜안을 지닐 수 있을 것이다.

나는 이 책에서 시장의 비밀을 읽어내는 방법을 독자의 눈높이에 맞추어 최대한 쉽게 설명하기 위해 노력했다. 그리고 주변에서 쉽게 접할 수 있으면서도 투자에 있어 결정적인 역할을 하는 지표 위주로 글을 전개해나갔다. 이러한 것들을 이미 투자에 활용하고 있는 독자들도 있겠지만 대부분은 아마 그냥 흘려보냈을 것이다. 지금부터라도 신문이나 정보를 좀더 지혜롭게 읽을 수 있으면 좋겠다는 생각이다.

이 책에서 내가 제시한 각종 지표들과 시장의 수급은 투자에 있어 핵심적이면서도 가장 기본적인 요소이다. 다만 시장이라는 것 자체가 본래 사람에 의해 움직이는 것이다 보니 여러 가지 예상치 못한 변수가 항상 돌발적으로 개입되게 되어 있다.

이때 많은 사람들의 예상이 빗나가곤 하는 것이다.

　　이를 피하기 위해서는 시장 주변에서 일어나는 일들에 대해 항상 촉각을 곤두세우고 있어야 하며, 만일 그렇게 하지 못하는 상황이라면 최소한 경제신문 하나 정도는 곁에 두고 그날그날 어떤 기사들이 실리는지, 전문 애널리스트들은 그 상황에 대해 어떤 말을 하는지 눈여겨보아야 한다. 물론 그들의 말을 전적으로 믿으라는 것이 아니다. 자신의 기본적인 지식을 바탕으로 전문가의 의견과 비교해보고 대입해보기도 하면서 참고하는 정도로 활용하면 된다. 또한 신문지상에 언급된 정보는 이미 한물 간 정보라 할 수 있다. 이미 너도나도 다 알게 된 정보이기 때문이다.

　　시장은 항상 변하게 마련이다. 그래서 오늘 딱 들어맞았던 지표나 투자기법이 내일 시장에서는 무용지물이 되기도 한다. 따라서 투자를 성공적으로 해나가기 위해서는 지식을 쇄신

할 줄 알아야 하며 항상 경제, 사회에 초점을 맞추는 자세가 필요하다. 내가 이 책을 통해 제시하는 것을 지식의 맨 밑바닥에 깔아놓고 그 위에 자신만의 지식을 차곡차곡 쌓아가길 바란다. 그러면 언젠가 시장의 흐름이 한눈에 들어오는 날이 있을 것이다. 그때가 되면 여러분들은 "왜 주가가 저렇게 상승하지?"라는 말 대신 "내가 저렇게 갈 줄 알았어" 혹은 "역시 내 예상 대로군. 진작 사놓길 잘했지"라는 말을 하게 될 것이다.

     오늘날 재테크는 피할 수 없는 과제다. 돈방석에 오르기 위해서가 아니라 어느 정도의 생활을 유지하기 위해 재테크를 해야 하는 시대가 온 것이다. 따라서 현명하게 자산을 굴릴 줄 아는 지혜와 노하우를 갖추는 것이 필요하다. 이 책을 바탕으로 그러한 기본을 갖출 수 있기를, 그래서 성공적인 투자를 해나갈 수 있기를 기원한다.

마지막으로 나에게 큰 신뢰를 주며 힘이 되어주는 BIBR 회원 여러분과 이 책이 나올 때까지 꼼꼼하게 편집과 교정을 돌봐준 북플래너 가족 모두에게 감사의 말을 전하고 싶다.